MANDALA
DRINK

LIBRO DA COLORARE CON RICETTE

STEMIAN ART

RICETTE

MOJITO

MOSCOW MULE

SPRITZ

COSMOPOLITAN

SEX ON THE BEACH

CAIPIRINHA

BELLINI

NEGRONI

CUBA LIBRE

AMERICANO

MANHATTAN

MARGARITA

BLOODY MARY

SCREWDRIVER

PINA COLADA

DAIQUIRI

SINGAPORE SLING

HUGO

WHITE RUSSIAN

OLD FASHIONED

ALEXANDER

DRY MARTINI

WHISKY SOUR

ESPRESSO MARTINI

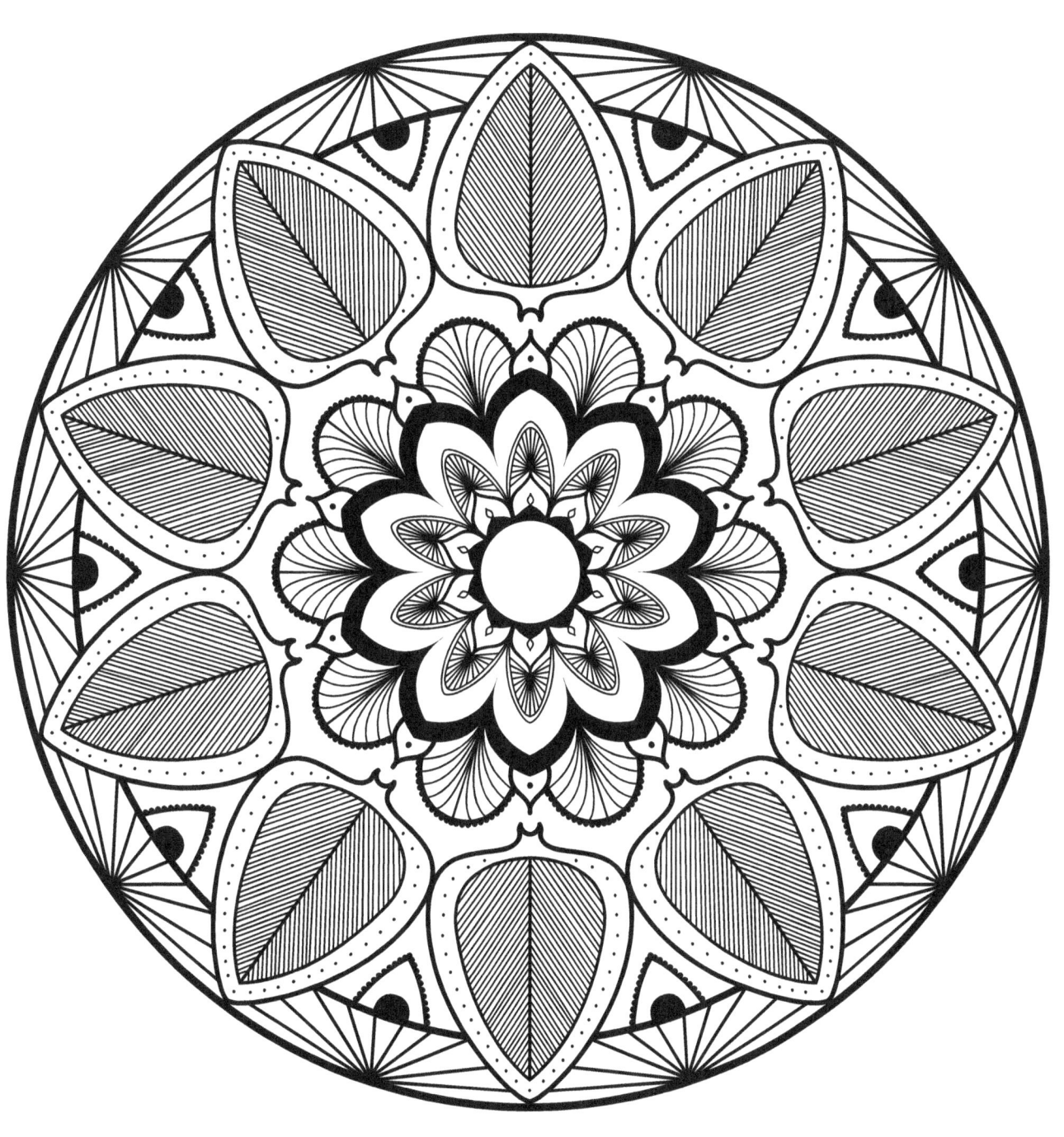

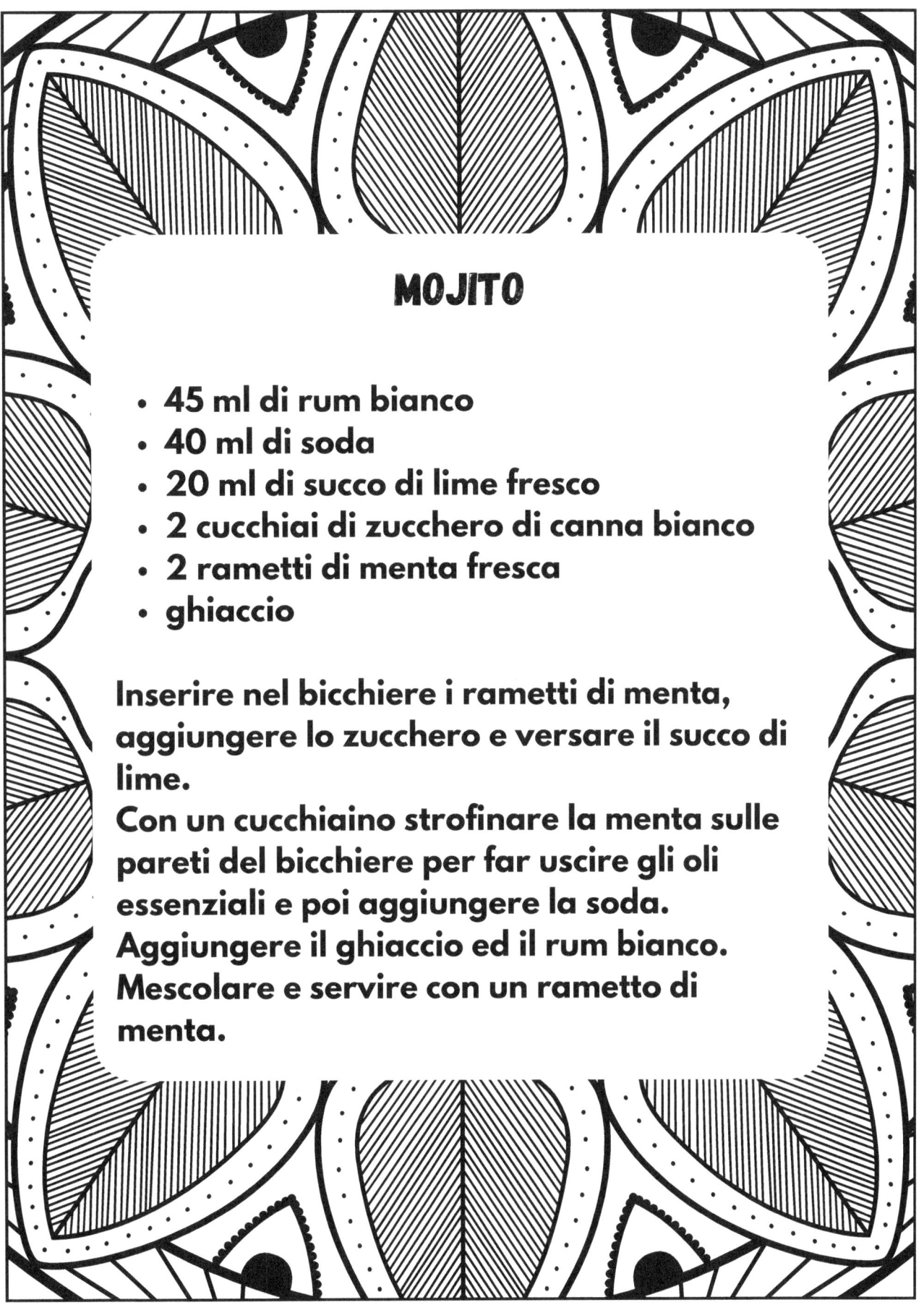

MOJITO

- 45 ml di rum bianco
- 40 ml di soda
- 20 ml di succo di lime fresco
- 2 cucchiai di zucchero di canna bianco
- 2 rametti di menta fresca
- ghiaccio

Inserire nel bicchiere i rametti di menta, aggiungere lo zucchero e versare il succo di lime.
Con un cucchiaino strofinare la menta sulle pareti del bicchiere per far uscire gli oli essenziali e poi aggiungere la soda.
Aggiungere il ghiaccio ed il rum bianco.
Mescolare e servire con un rametto di menta.

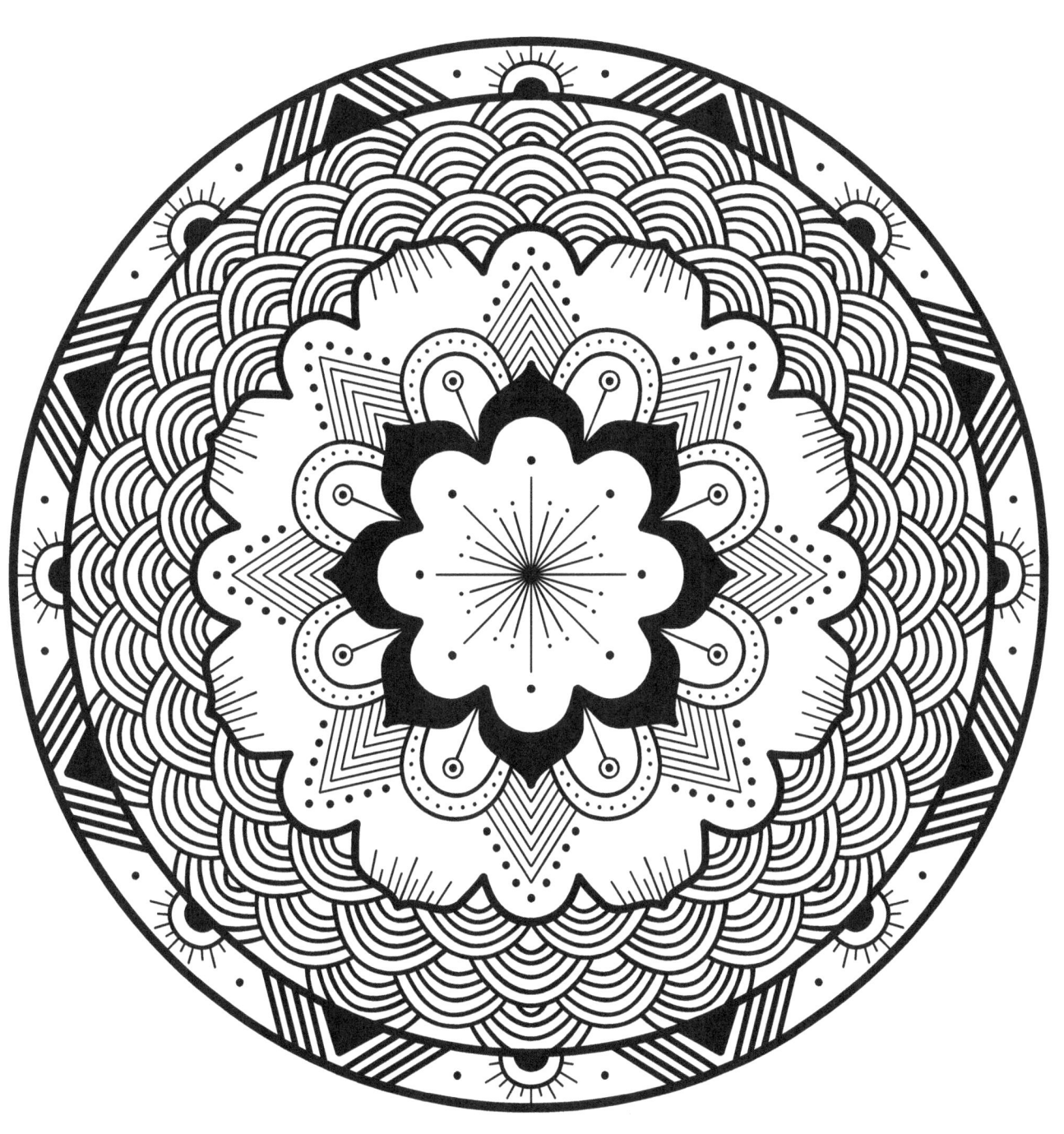

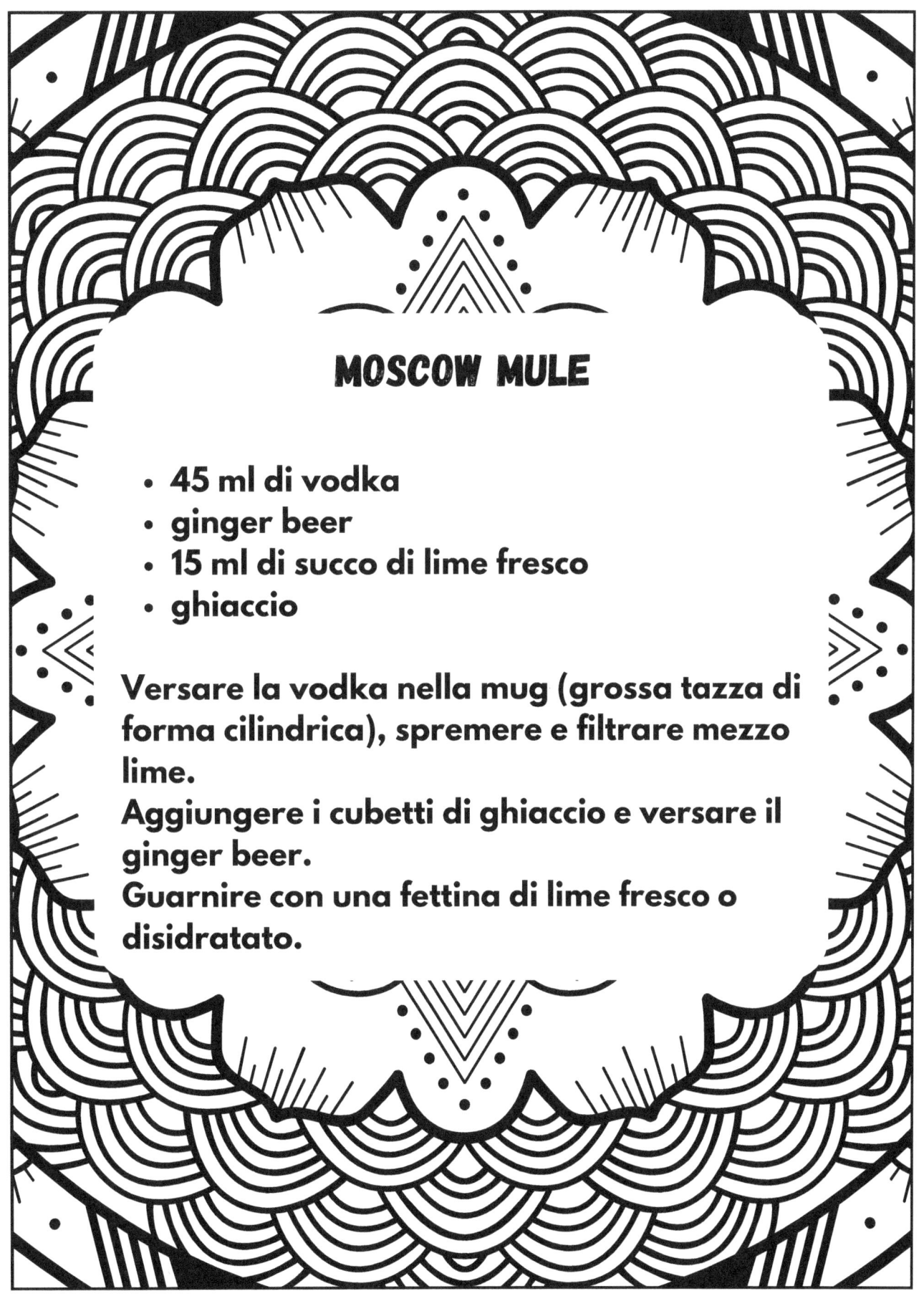

MOSCOW MULE

- 45 ml di vodka
- ginger beer
- 15 ml di succo di lime fresco
- ghiaccio

Versare la vodka nella mug (grossa tazza di forma cilindrica), spremere e filtrare mezzo lime.
Aggiungere i cubetti di ghiaccio e versare il ginger beer.
Guarnire con una fettina di lime fresco o disidratato.

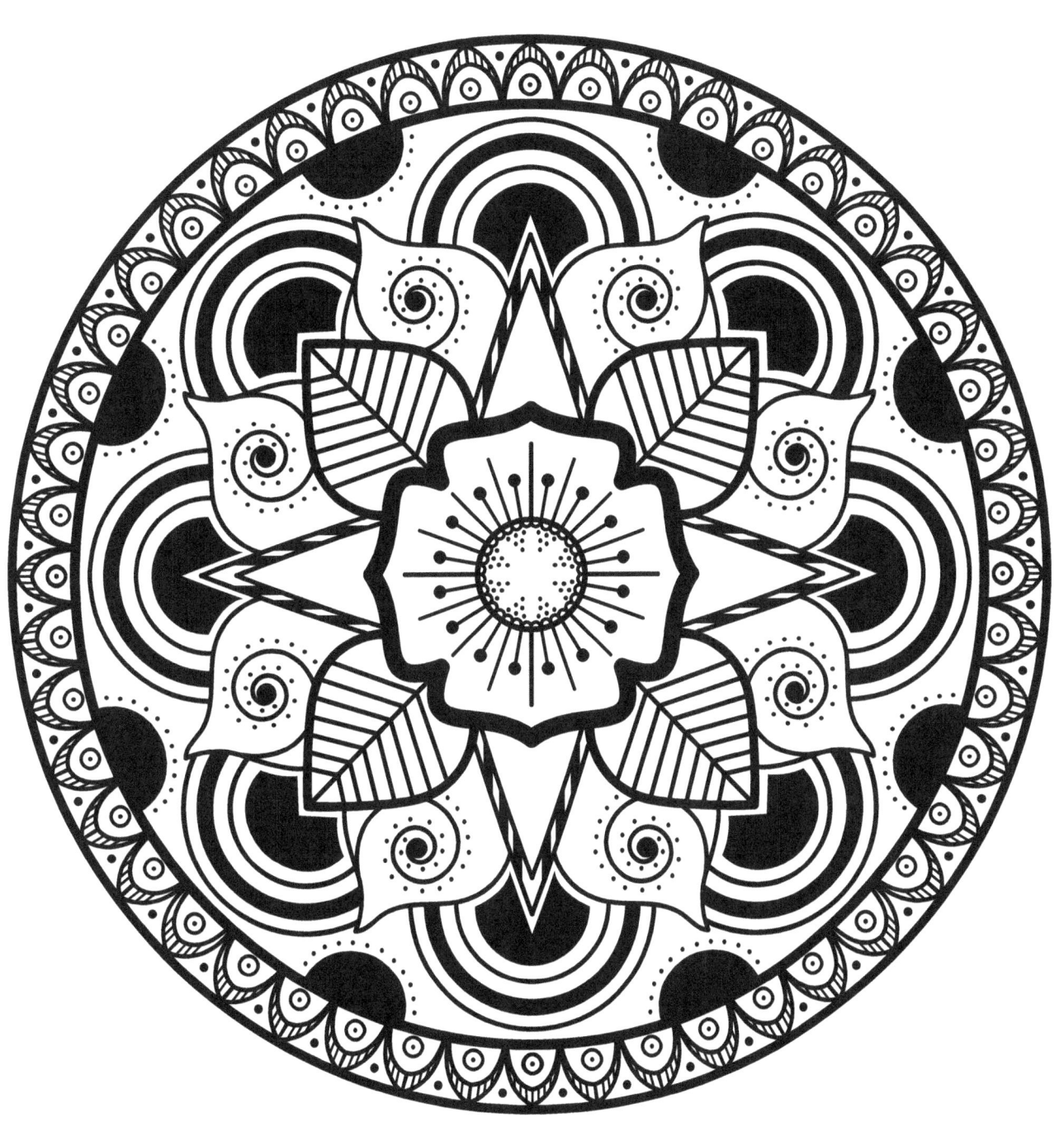

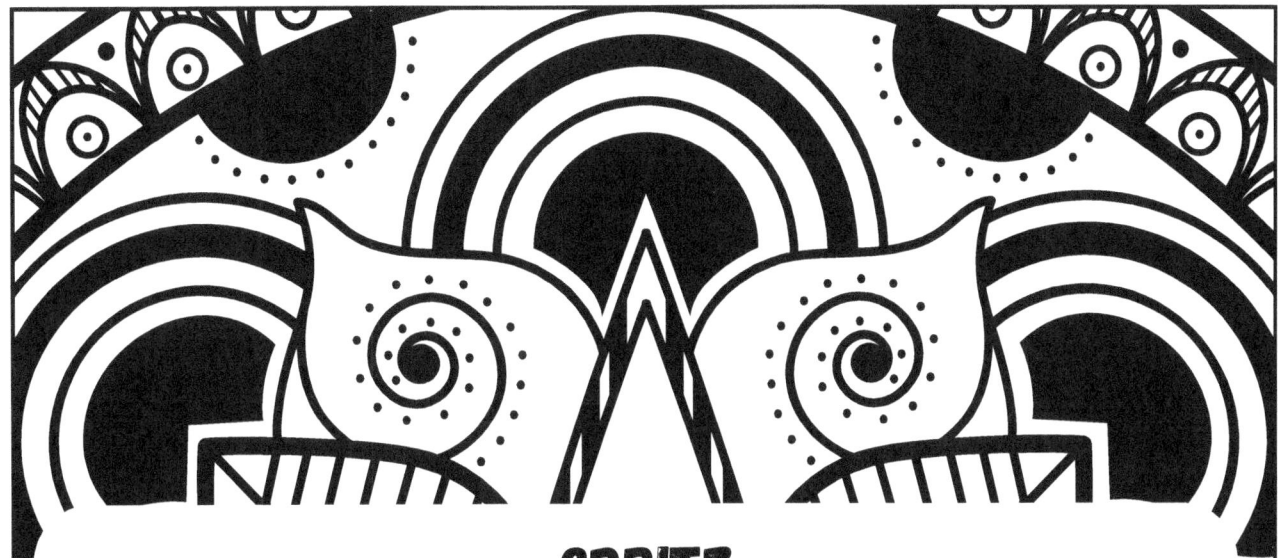

SPRITZ

- 3 parti di prosecco
- 2 parti di aperol
- 1 spruzzo di seltz o soda o acqua minerale gasata
- fetta di arancia
- ghiaccio

Riempire il bicchiere di ghiaccio e versare il prosecco.
Aggiungere aperol e uno spruzzo di soda con un
sifone.
Con un cucchiaio fare un movimento dal basso verso
l'alto ma non mescolare per evitare di sgasare il
cocktail.
Completare con una fettina di arancia

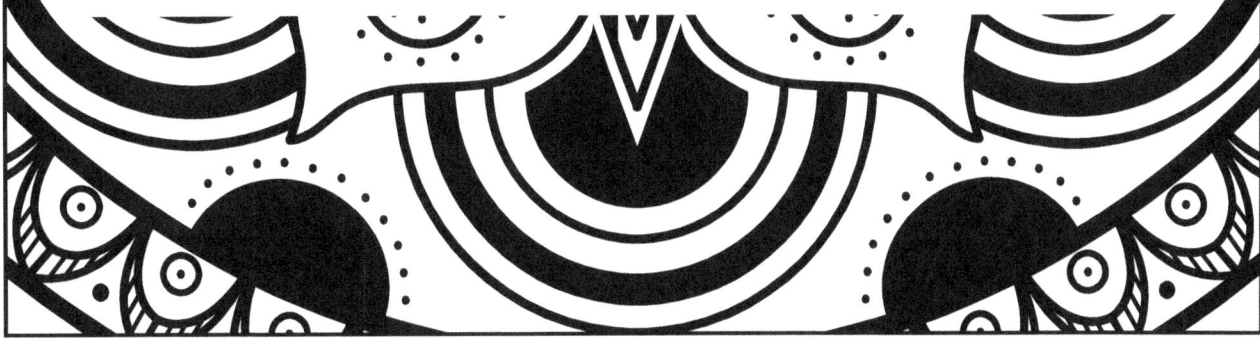

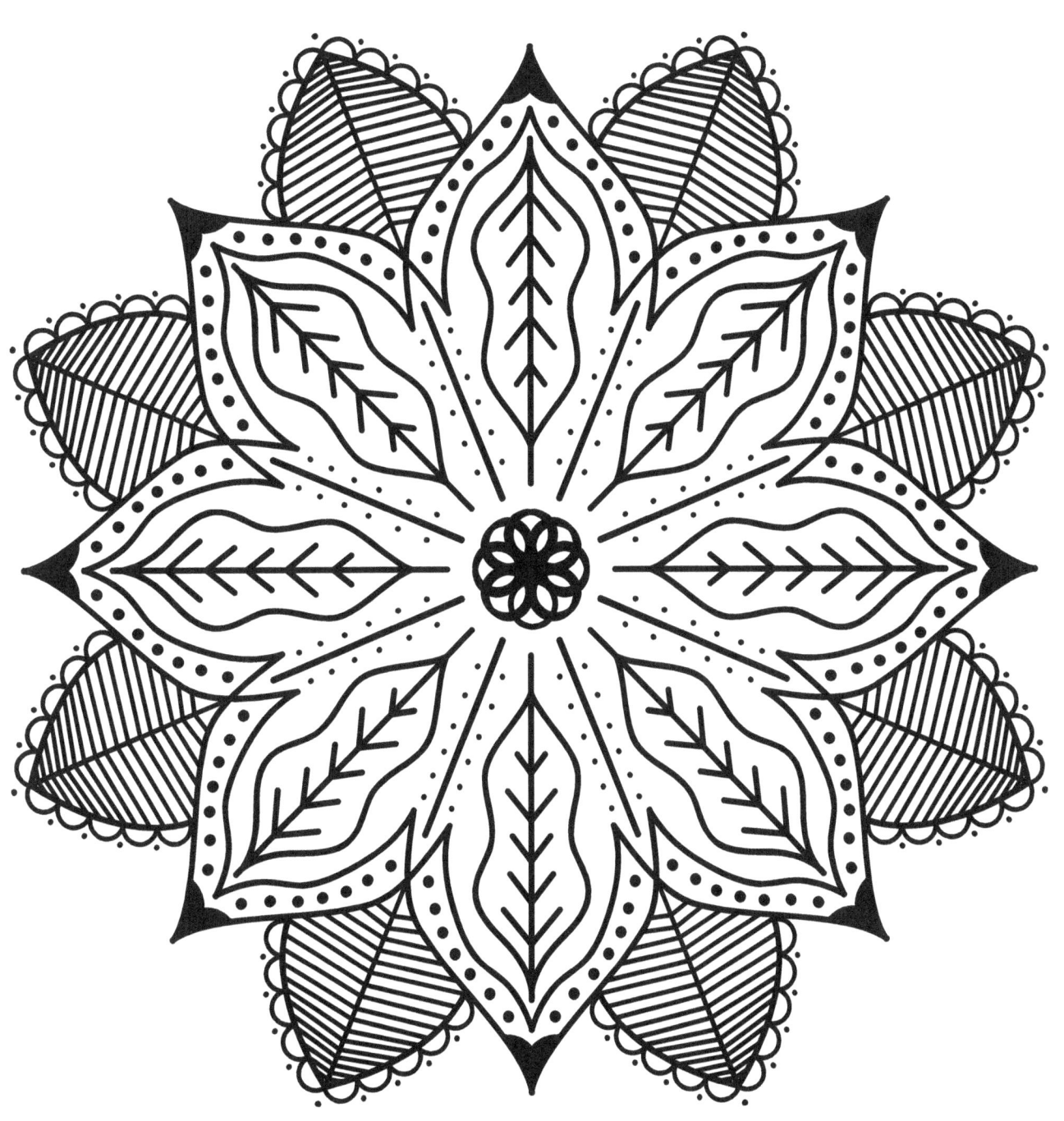

COSMOPOLITAN

- 40 ml di vodka citron
- 15 ml di cointreau
- 15 ml di succo di lime
- 30 ml di succo di mirtillo rosso
- 1 lime
- ghiaccio

Per prima cosa mettere nel freezer la coppetta nella quale servirete il cocktail.

In uno shaker versare il succo di lime ed il succo di mirtillo rosso.

Versare poi il cointreau e la vodka.

Aggiungere il ghiaccio a cubetti.

Chiudere le due parti dello shaker ed agitare in modo vigoroso.

Versare il tutto, senza ghiaccio, nel bicchiere ghiacciato.

Completare con una fettina di lime.

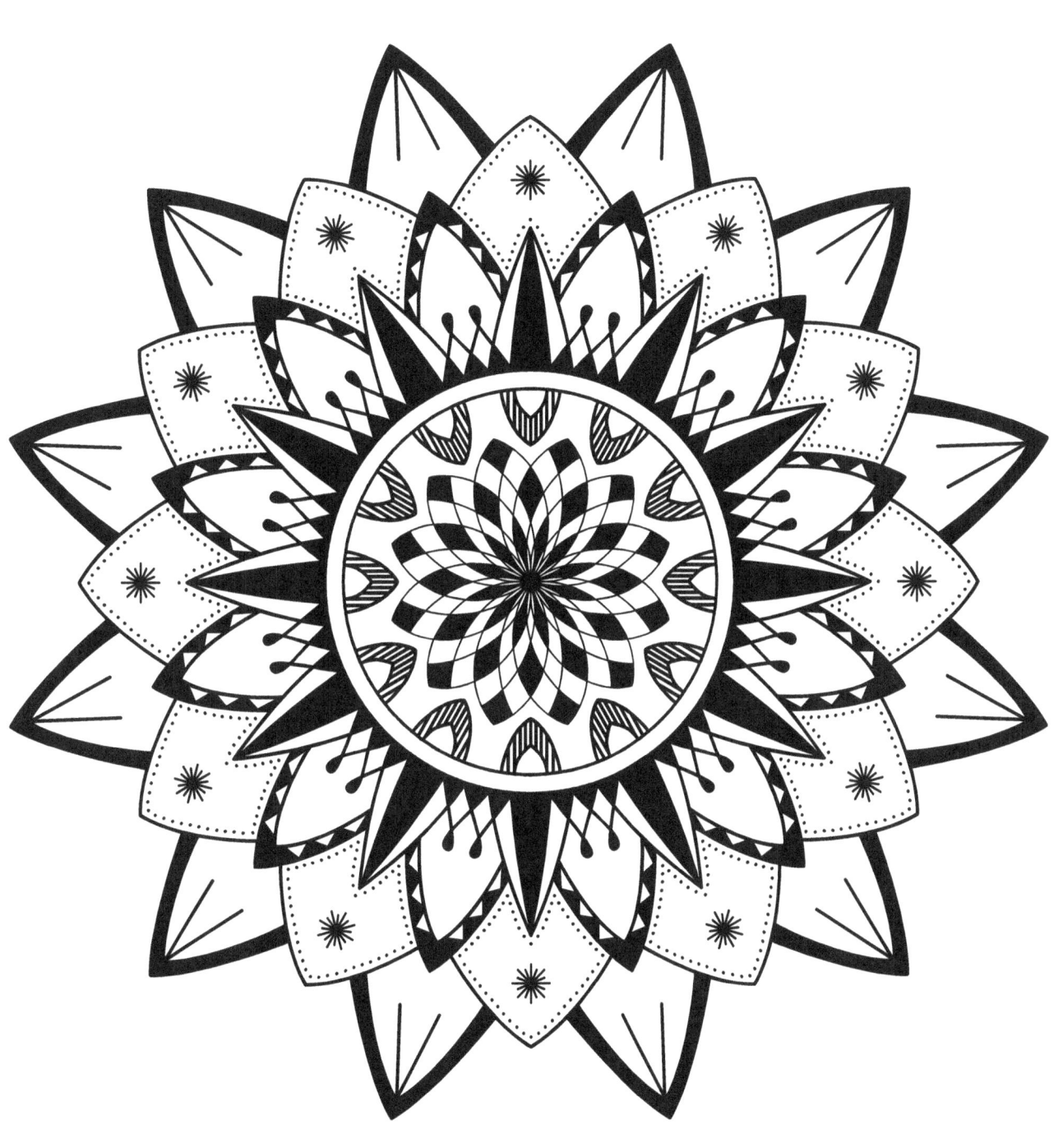

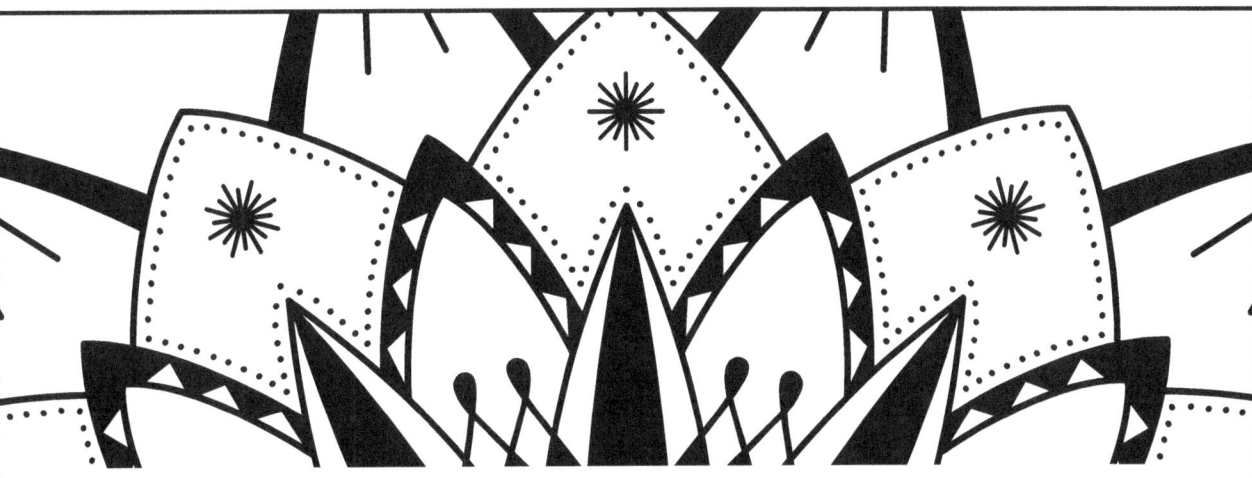

SEX ON THE BEACH

- **40 ml di vodka**
- **20 ml di peach schnapps (liquore alla pesca)**
- **40 ml di succo fresco di arancia**
- **40 ml di succo di cranberry (mirtillo americano)**
- **ghiaccio**

Mettere del ghiaccio in un bicchiere highball, aggiungere la vodka e la peach schnapps. Aggiungere il succo di mirtillo e di arancia. Mescolare e decorare con una fetta di arancia o ananas

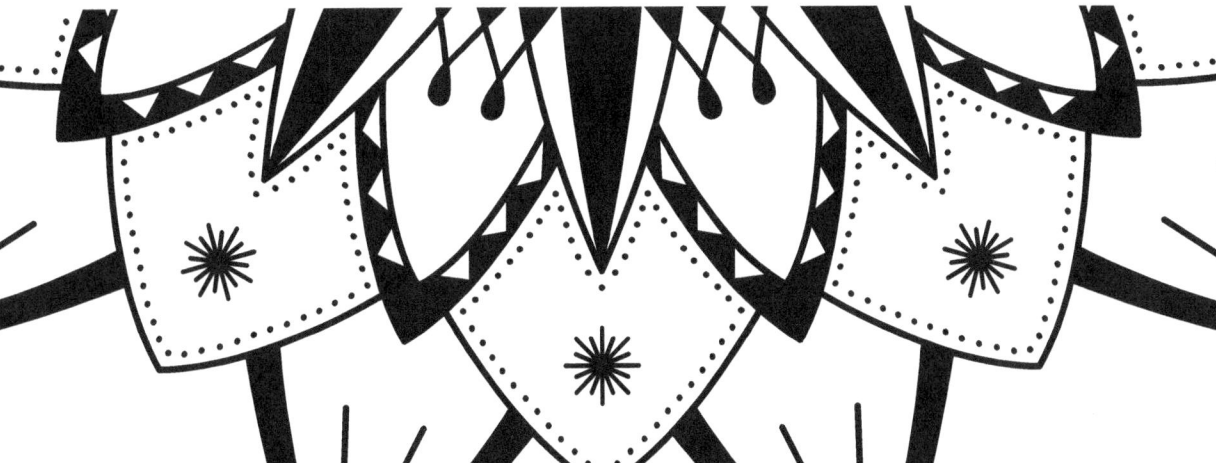

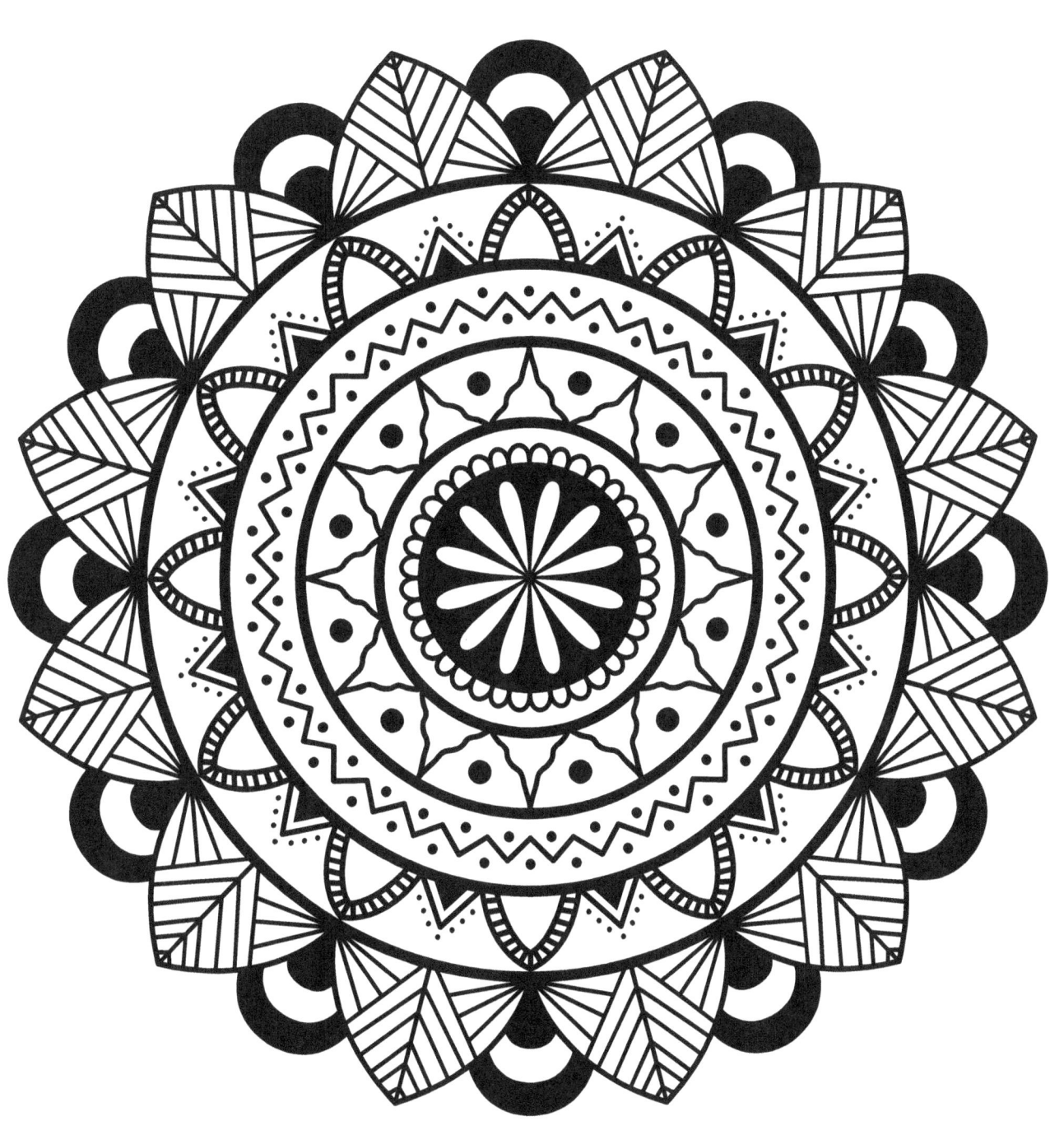

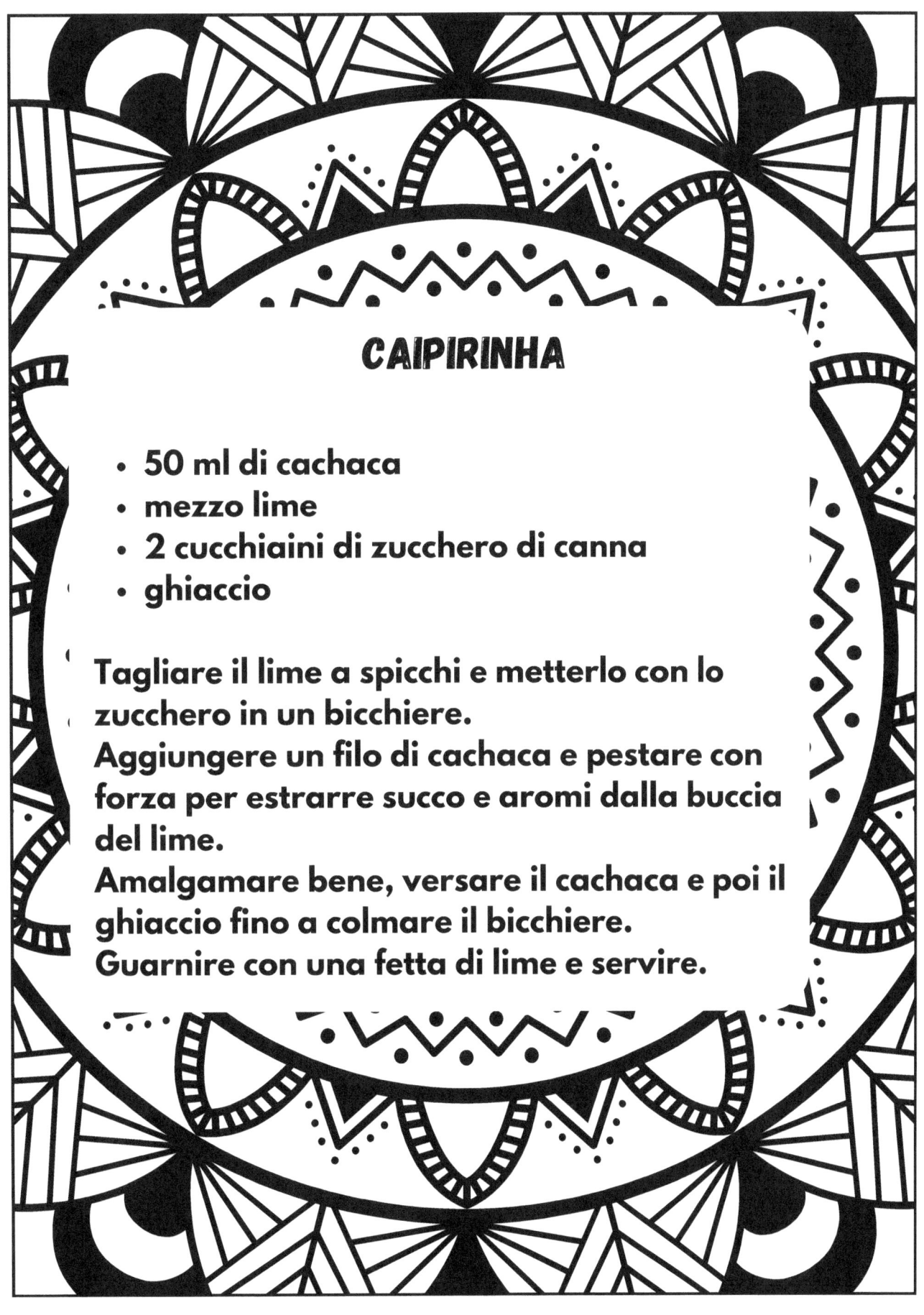

CAIPIRINHA

- 50 ml di cachaca
- mezzo lime
- 2 cucchiaini di zucchero di canna
- ghiaccio

Tagliare il lime a spicchi e metterlo con lo zucchero in un bicchiere.
Aggiungere un filo di cachaca e pestare con forza per estrarre succo e aromi dalla buccia del lime.
Amalgamare bene, versare il cachaca e poi il ghiaccio fino a colmare il bicchiere.
Guarnire con una fetta di lime e servire.

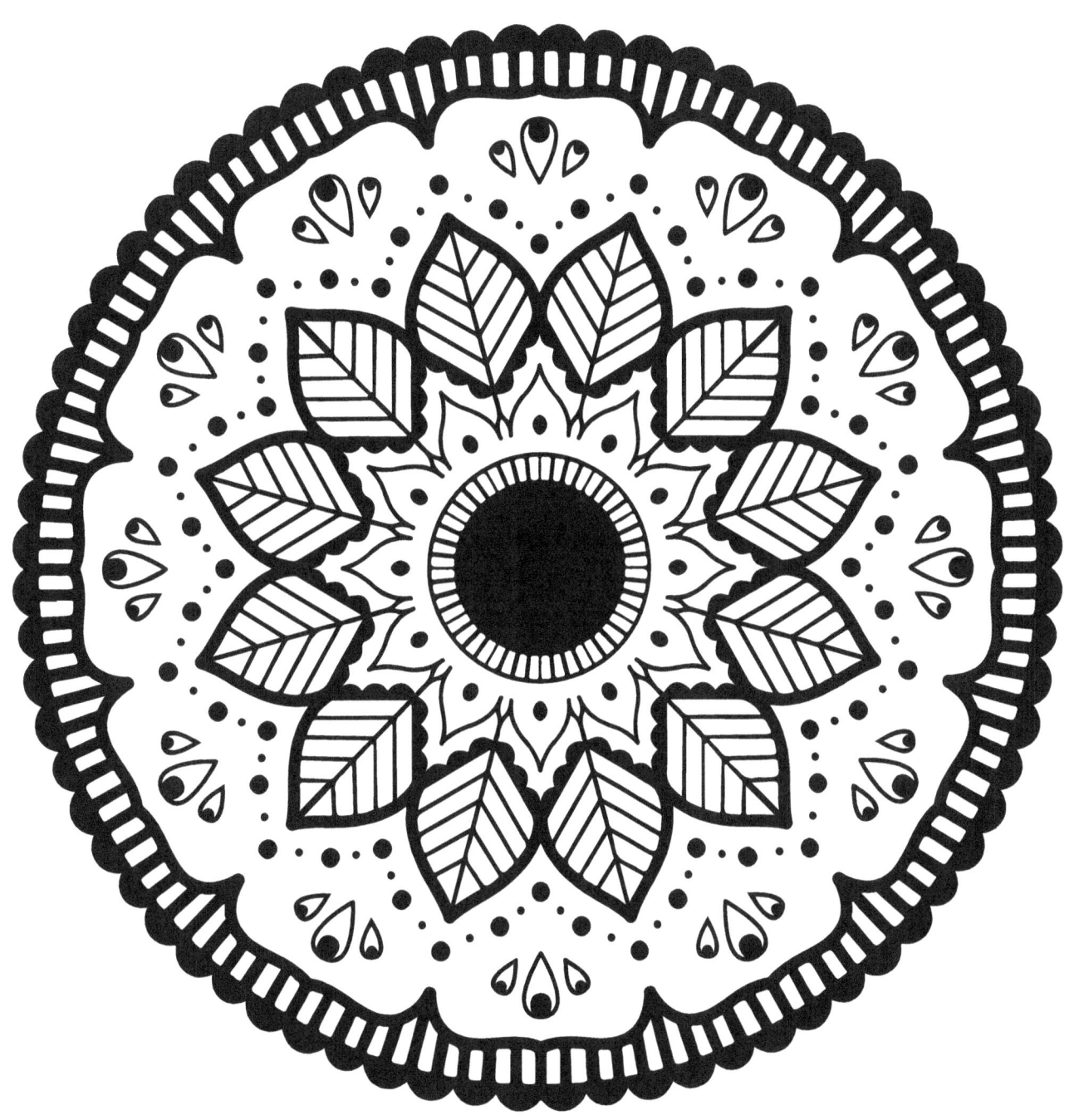

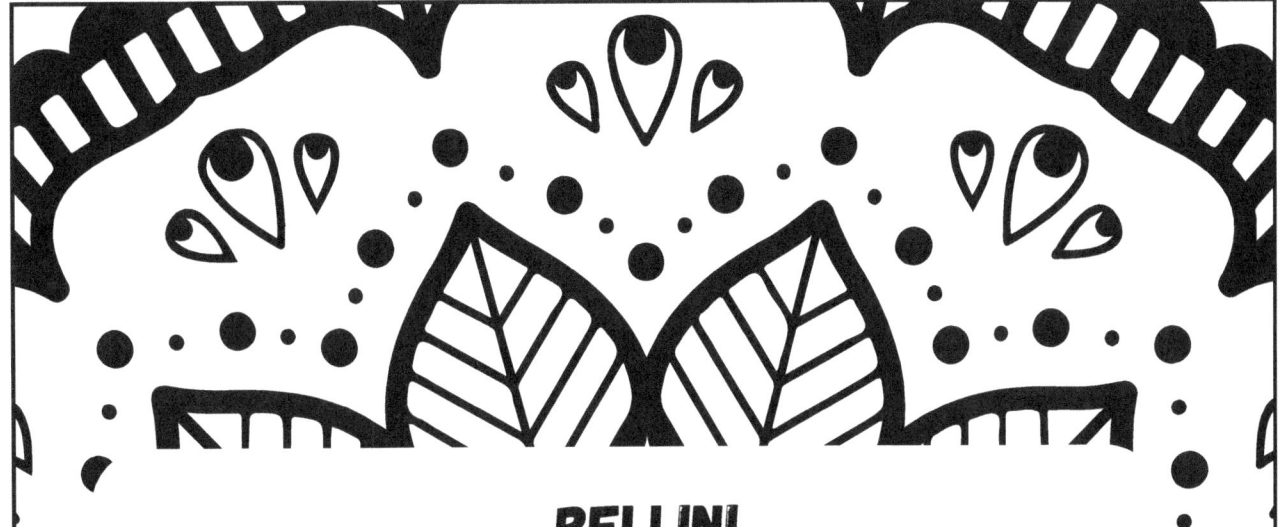

BELLINI

- 50 ml di nettare di pesca bianca
- 100 ml di spumante o champagne

Prima di tutto preparare il nettare di pesche bianche; lavare e sbucciare le pesche, tagliarle a spicchi e schiacciarle con un cucchiaio in un colino così da estrarre il nettare delle pesche. Versare in una coppetta o flute il nettare di pesca ed aggiungere con delicatezza lo spumante fino a colmare il bicchiere. Decorare con uno spicchio di pesca.

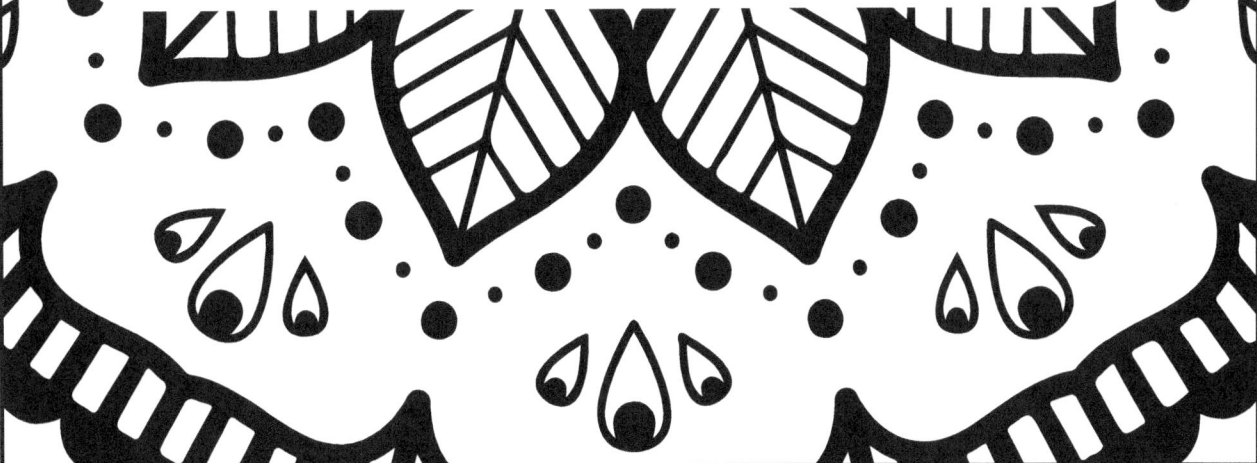

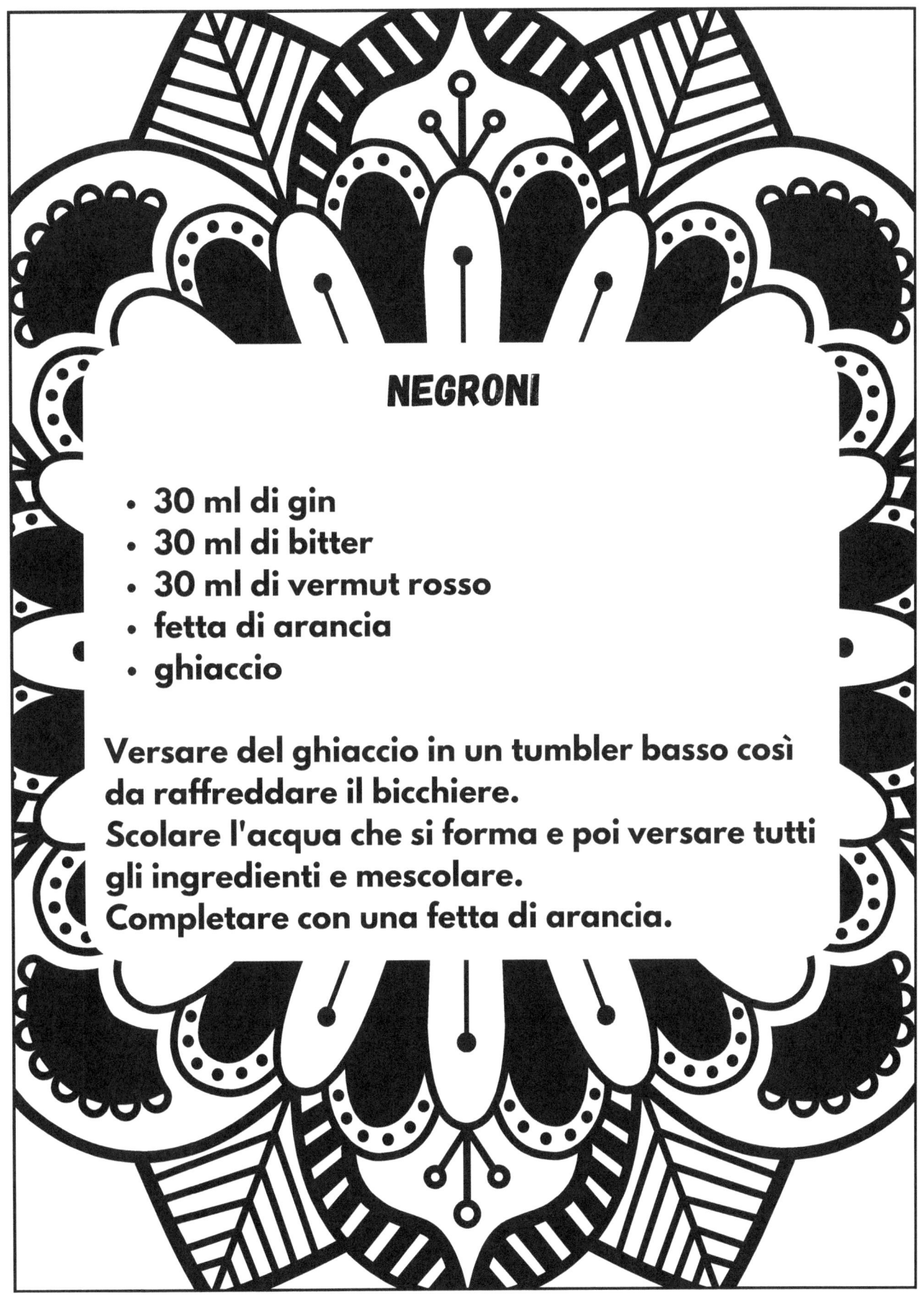

NEGRONI

- 30 ml di gin
- 30 ml di bitter
- 30 ml di vermut rosso
- fetta di arancia
- ghiaccio

Versare del ghiaccio in un tumbler basso così da raffreddare il bicchiere.
Scolare l'acqua che si forma e poi versare tutti gli ingredienti e mescolare.
Completare con una fetta di arancia.

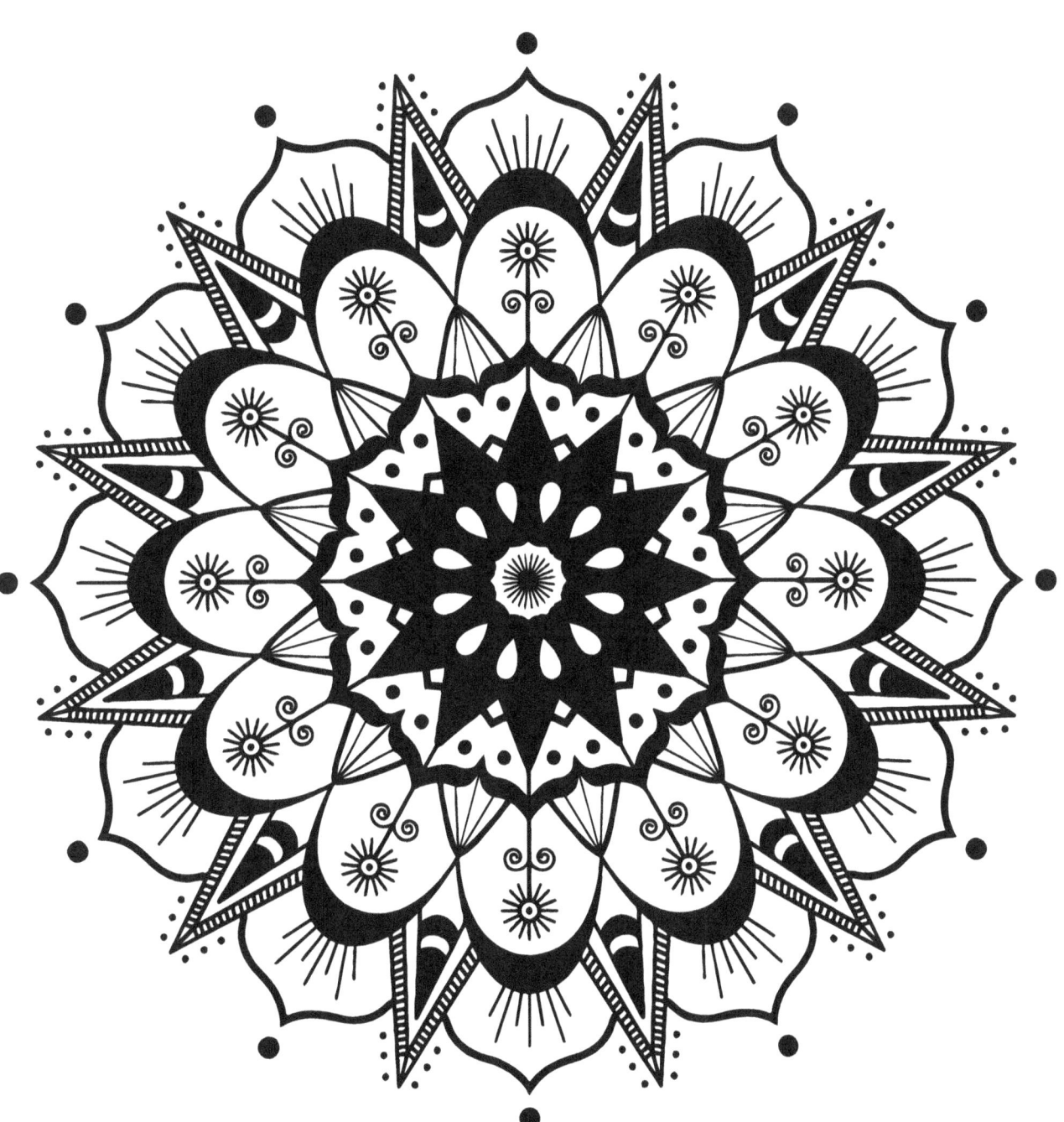

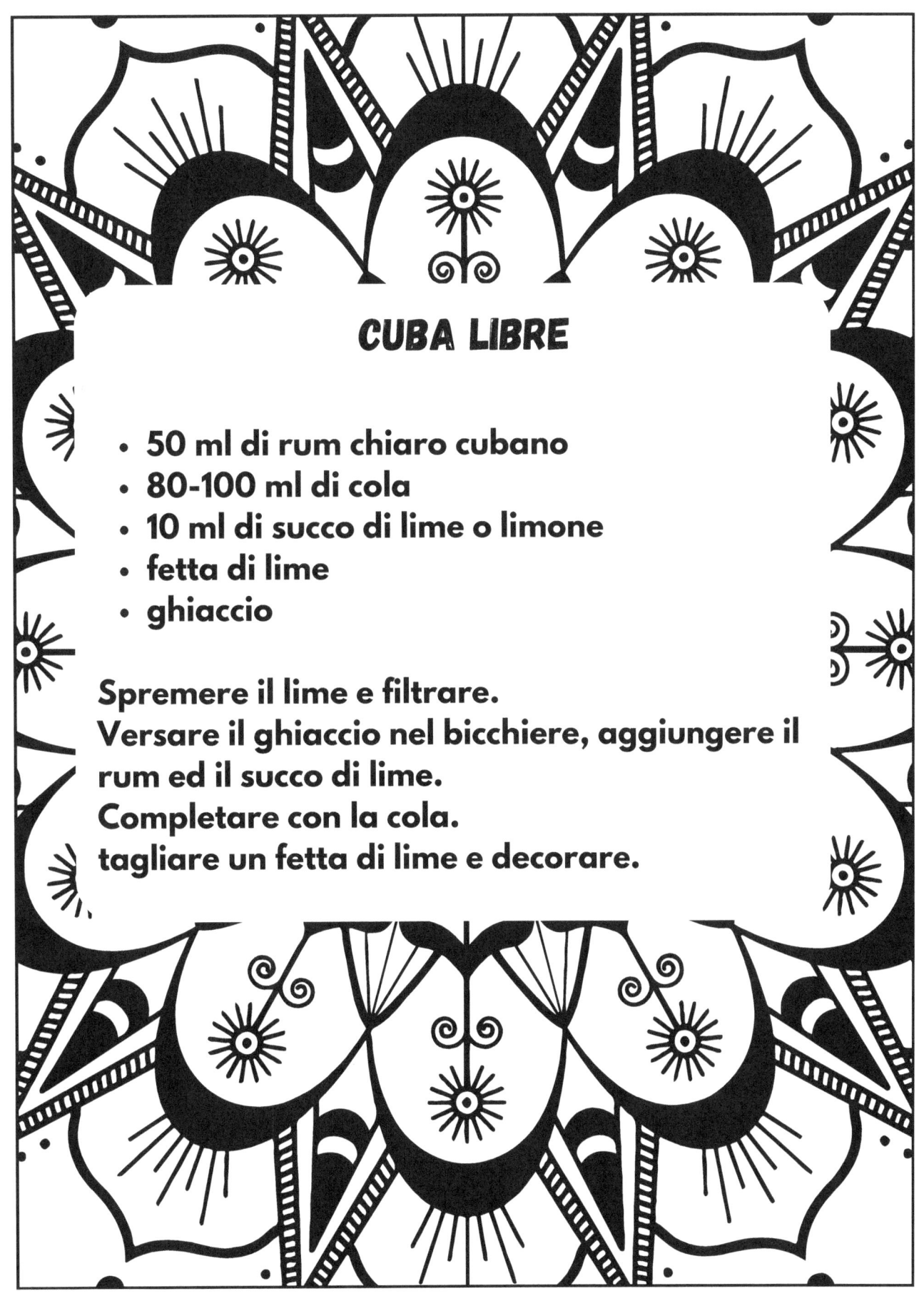

CUBA LIBRE

- 50 ml di rum chiaro cubano
- 80-100 ml di cola
- 10 ml di succo di lime o limone
- fetta di lime
- ghiaccio

Spremere il lime e filtrare.
Versare il ghiaccio nel bicchiere, aggiungere il rum ed il succo di lime.
Completare con la cola.
tagliare un fetta di lime e decorare.

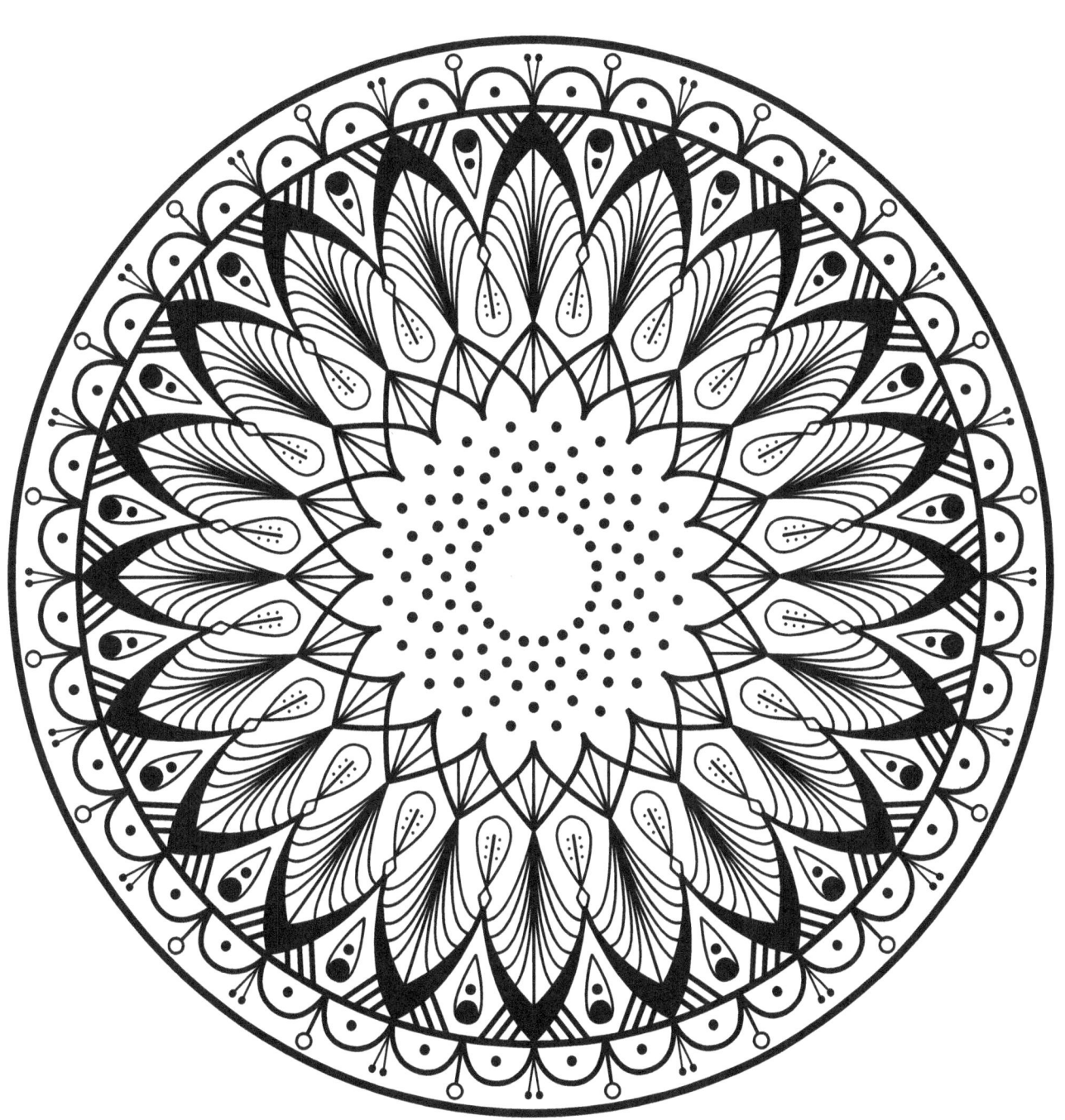

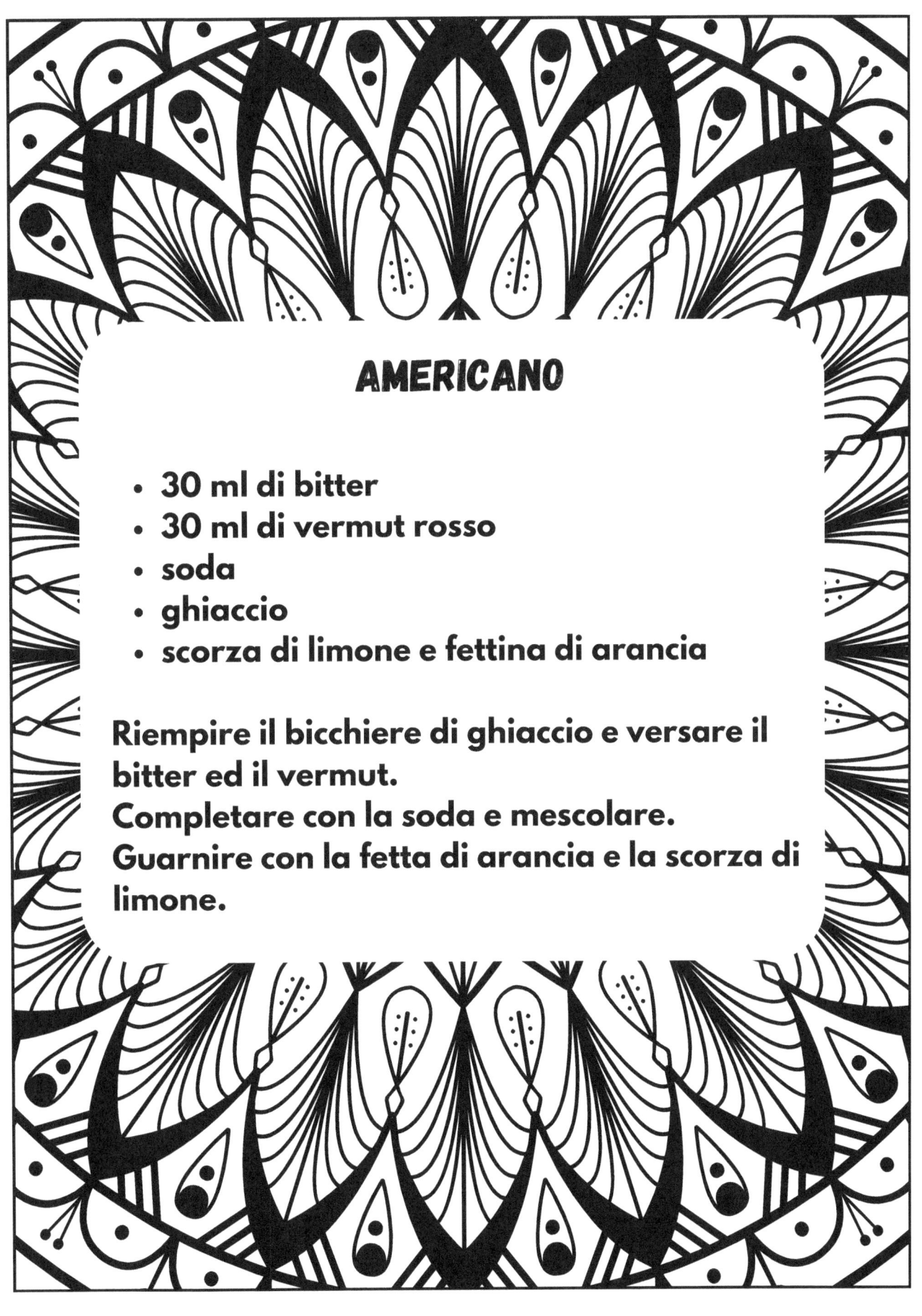

AMERICANO

- 30 ml di bitter
- 30 ml di vermut rosso
- soda
- ghiaccio
- scorza di limone e fettina di arancia

Riempire il bicchiere di ghiaccio e versare il bitter ed il vermut.
Completare con la soda e mescolare.
Guarnire con la fetta di arancia e la scorza di limone.

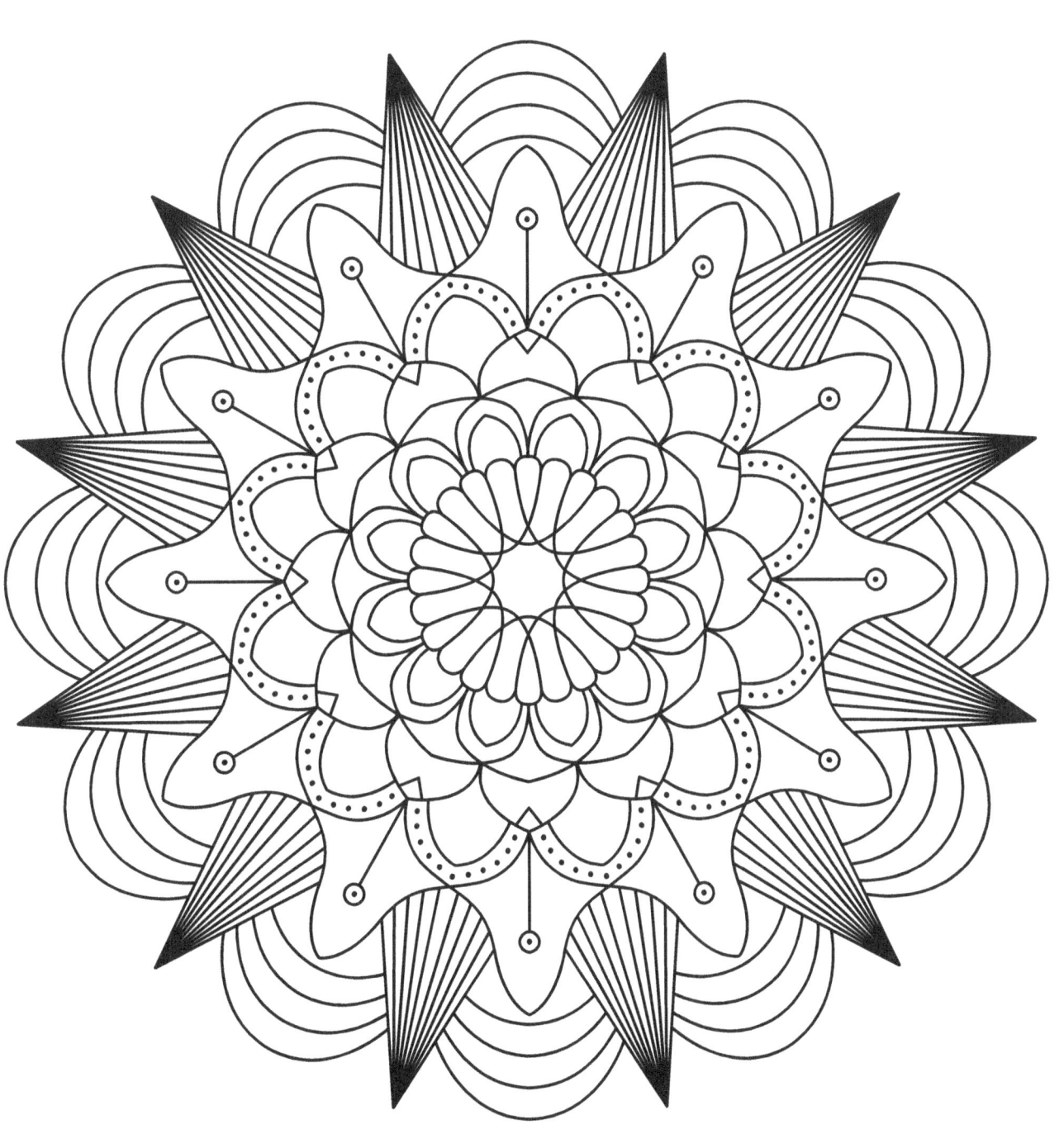

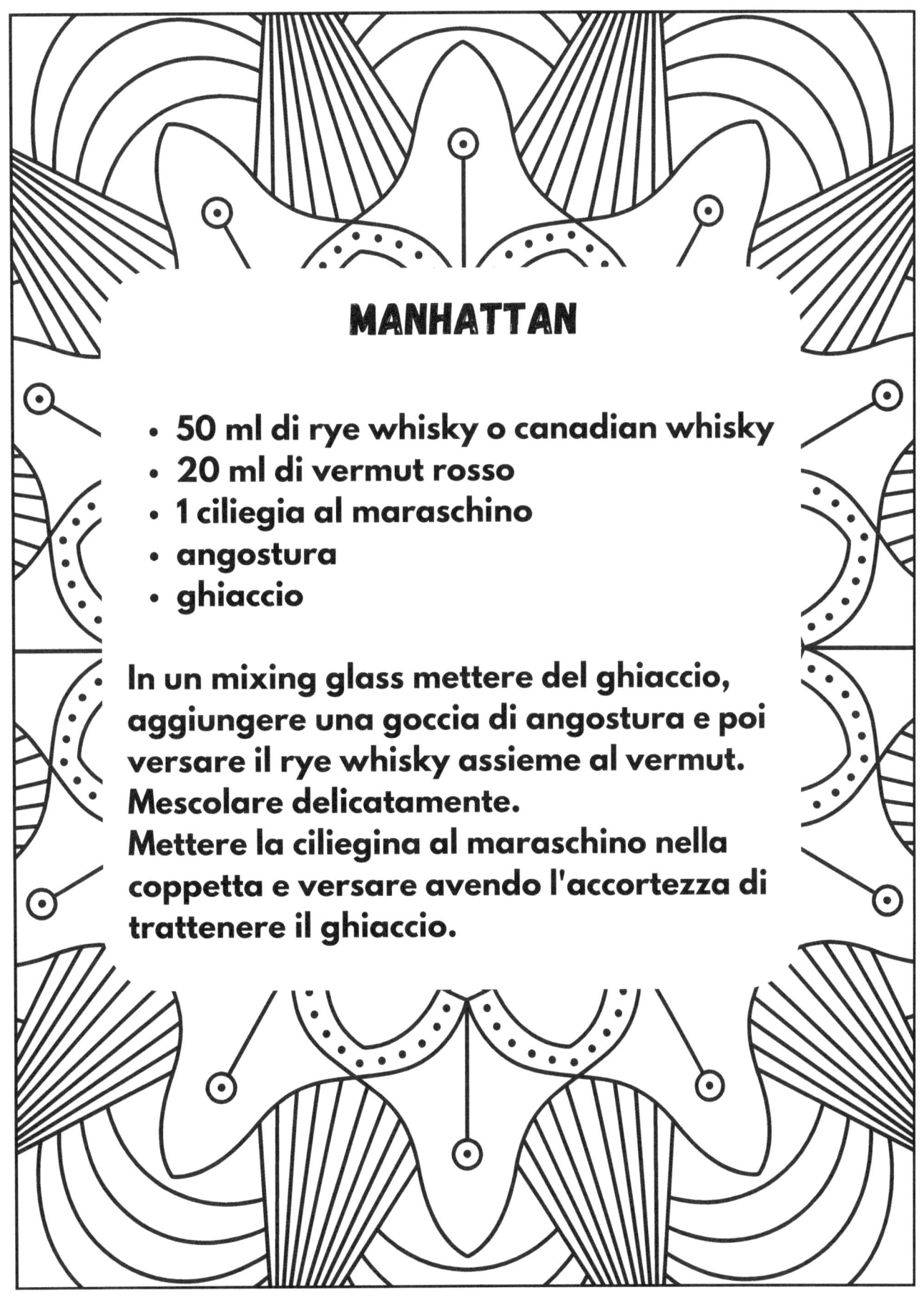

MANHATTAN

- 50 ml di rye whisky o canadian whisky
- 20 ml di vermut rosso
- 1 ciliegia al maraschino
- angostura
- ghiaccio

In un mixing glass mettere del ghiaccio, aggiungere una goccia di angostura e poi versare il rye whisky assieme al vermut. Mescolare delicatamente.
Mettere la ciliegina al maraschino nella coppetta e versare avendo l'accortezza di trattenere il ghiaccio.

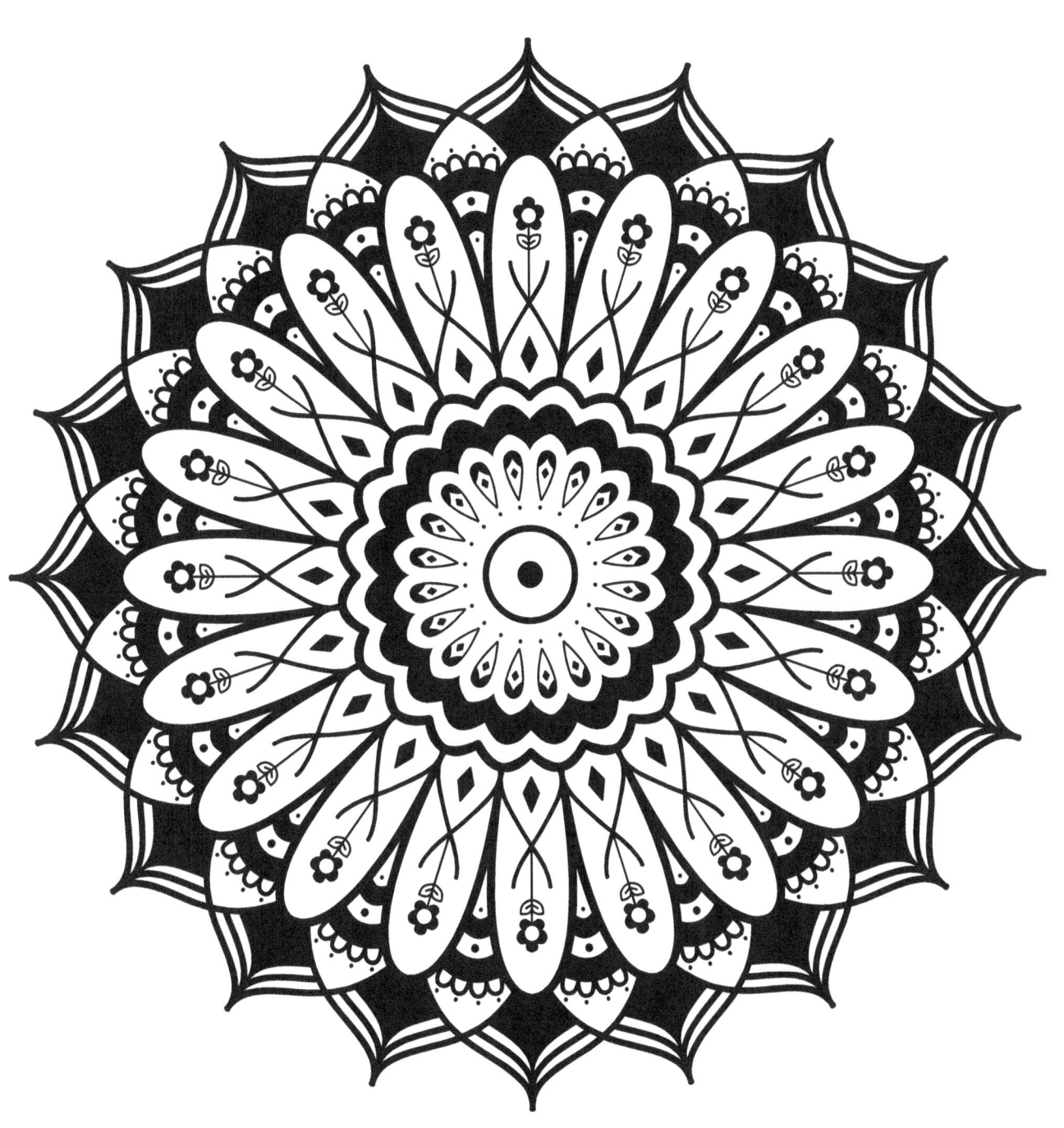

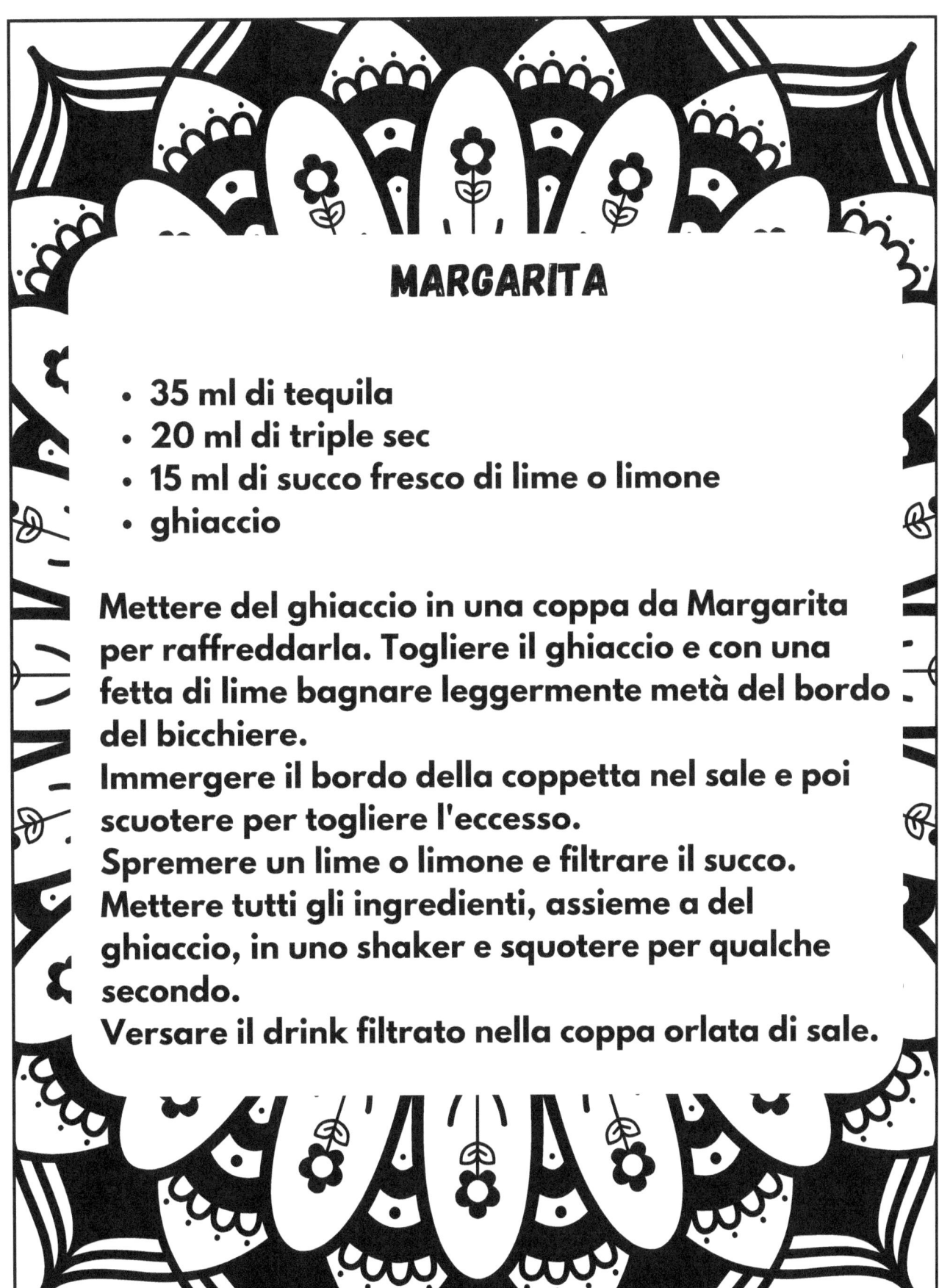

MARGARITA

- 35 ml di tequila
- 20 ml di triple sec
- 15 ml di succo fresco di lime o limone
- ghiaccio

Mettere del ghiaccio in una coppa da Margarita per raffreddarla. Togliere il ghiaccio e con una fetta di lime bagnare leggermente metà del bordo del bicchiere.

Immergere il bordo della coppetta nel sale e poi scuotere per togliere l'eccesso.

Spremere un lime o limone e filtrare il succo.

Mettere tutti gli ingredienti, assieme a del ghiaccio, in uno shaker e squotere per qualche secondo.

Versare il drink filtrato nella coppa orlata di sale.

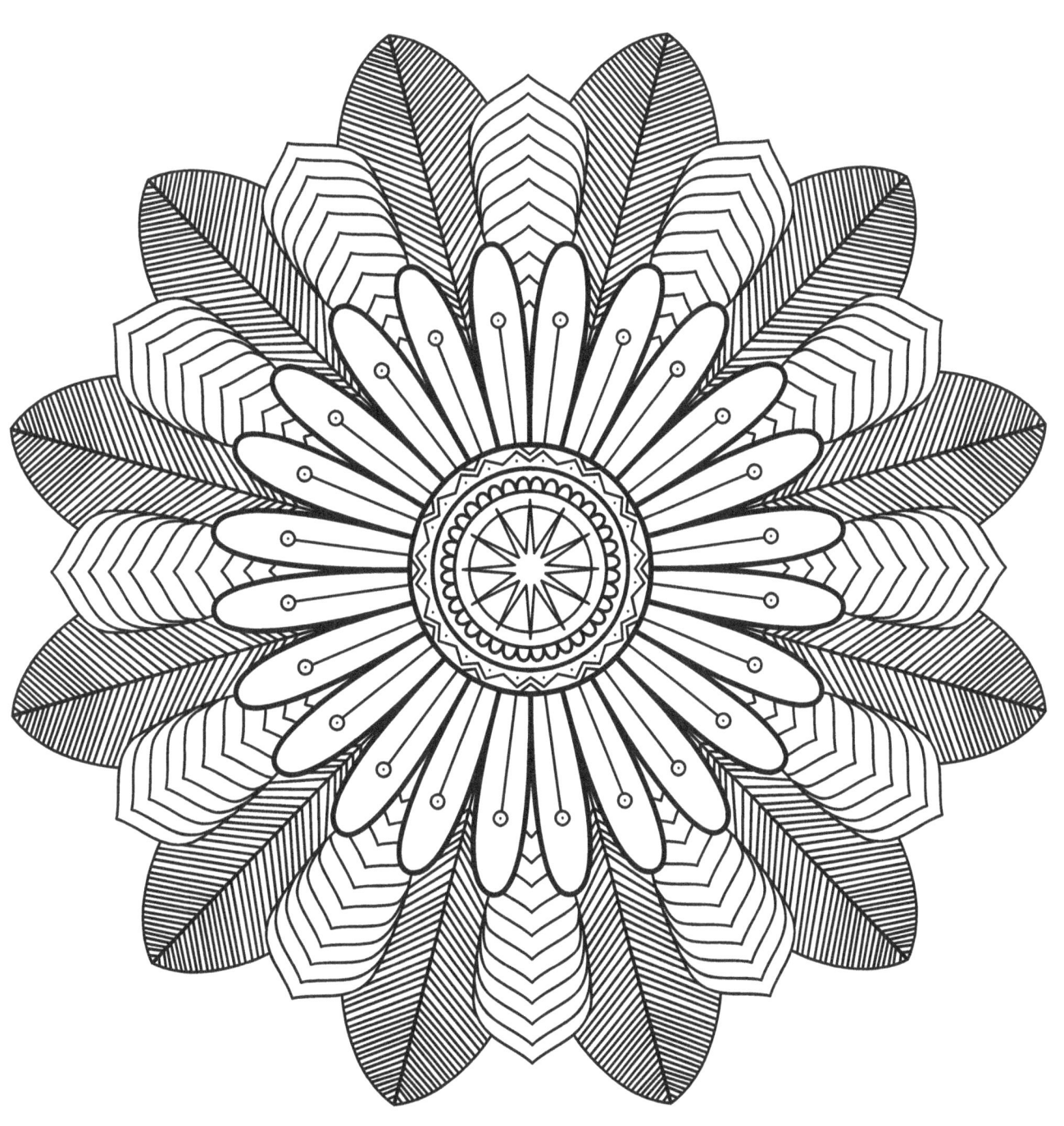

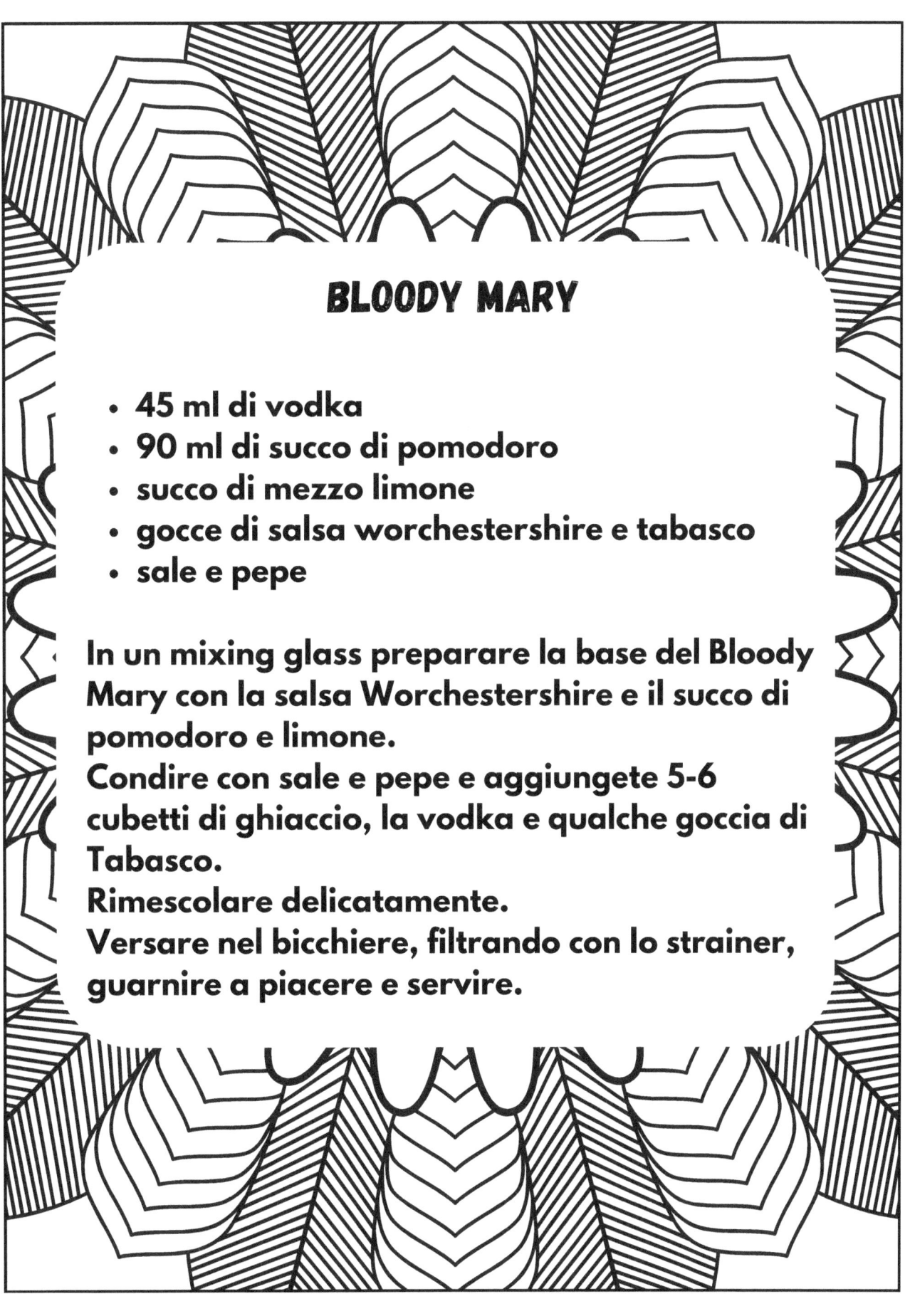

BLOODY MARY

- 45 ml di vodka
- 90 ml di succo di pomodoro
- succo di mezzo limone
- gocce di salsa worchestershire e tabasco
- sale e pepe

In un mixing glass preparare la base del Bloody Mary con la salsa Worchestershire e il succo di pomodoro e limone.
Condire con sale e pepe e aggiungete 5-6 cubetti di ghiaccio, la vodka e qualche goccia di Tabasco.
Rimescolare delicatamente.
Versare nel bicchiere, filtrando con lo strainer, guarnire a piacere e servire.

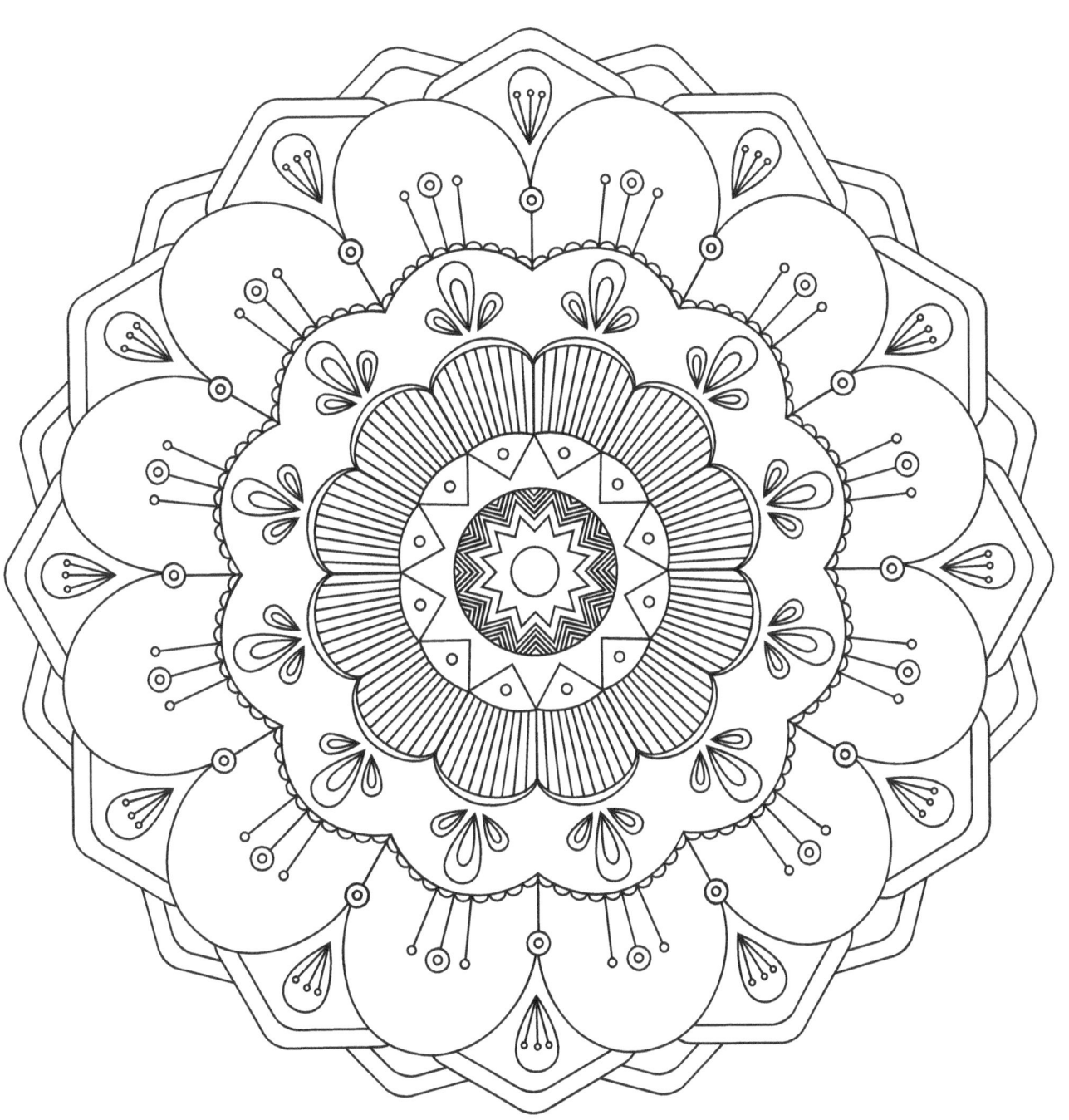

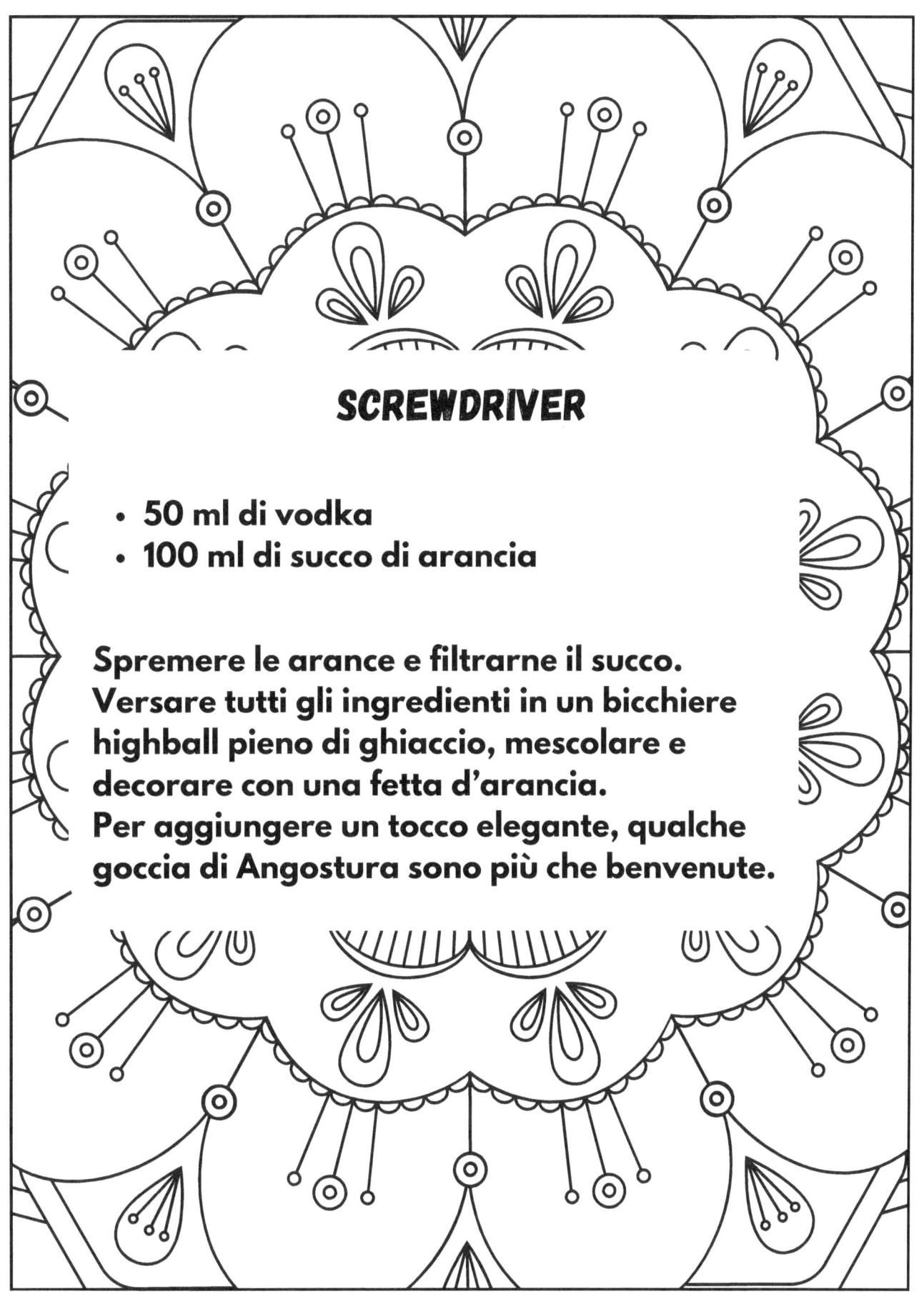

SCREWDRIVER

- 50 ml di vodka
- 100 ml di succo di arancia

Spremere le arance e filtrarne il succo.
Versare tutti gli ingredienti in un bicchiere
highball pieno di ghiaccio, mescolare e
decorare con una fetta d'arancia.
Per aggiungere un tocco elegante, qualche
goccia di Angostura sono più che benvenute.

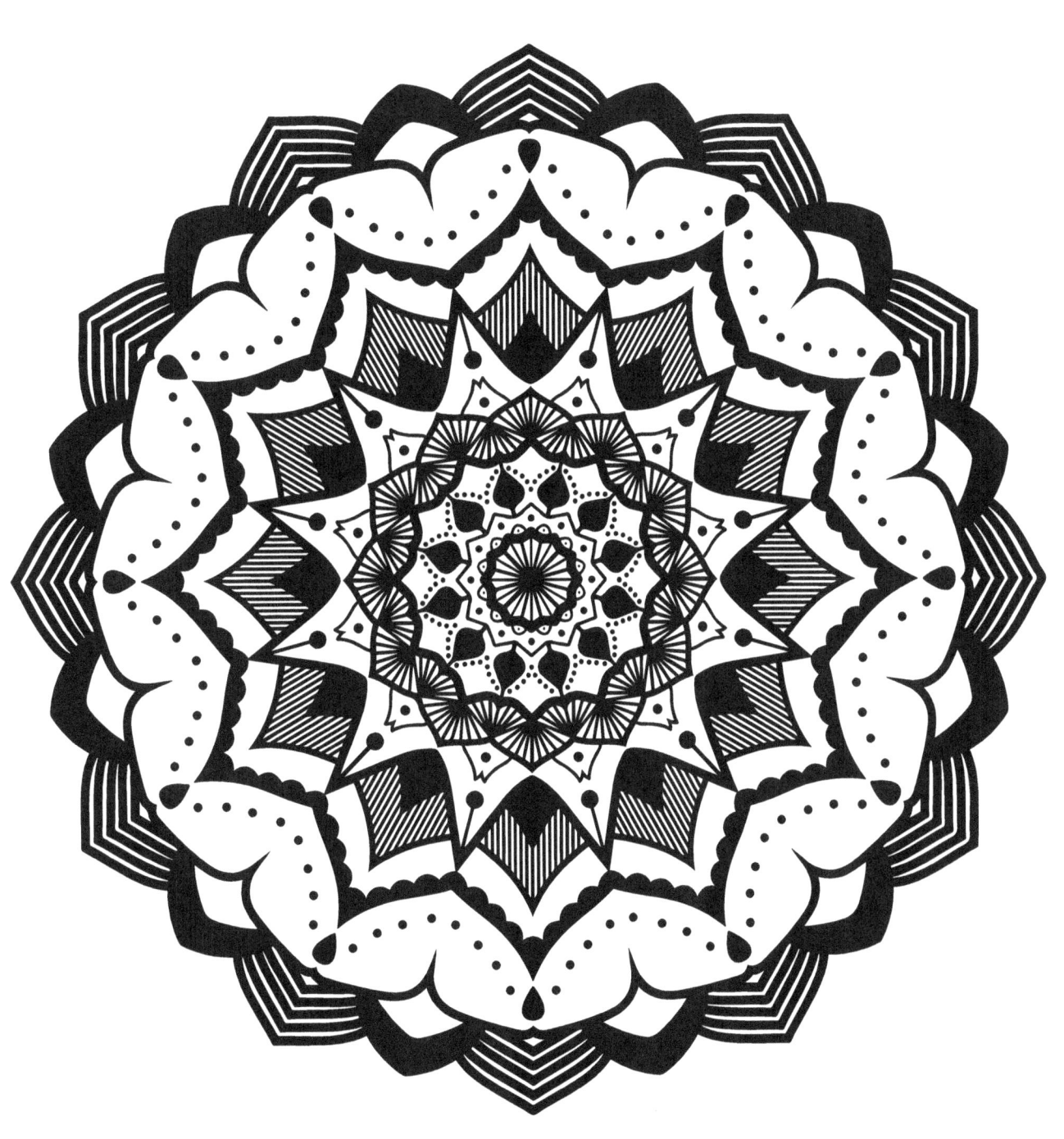

PINA COLADA

- 30 ml di rum bianco
- 90 ml di succo di ananas
- 30 ml di crema di cocco
- 80 gr di ghiaccio tritato
- 1 fetta di ananas (opzionale)
- 15 ml di lime appena spremuto

Versare in un frullatore il rum, il succo d'ananas, la crema di cocco, 1 fetta di ananas, il lime e il ghiaccio tritato.
Frullare per 15-20 secondi, il cocktail deve risultare spumoso; attenzione a non mettere troppo ghiaccio, altrimenti diventa una granita.
Versare in un calice grande e guarnire con una fettina di ananas e le foglie del frutto incise per il lungo.

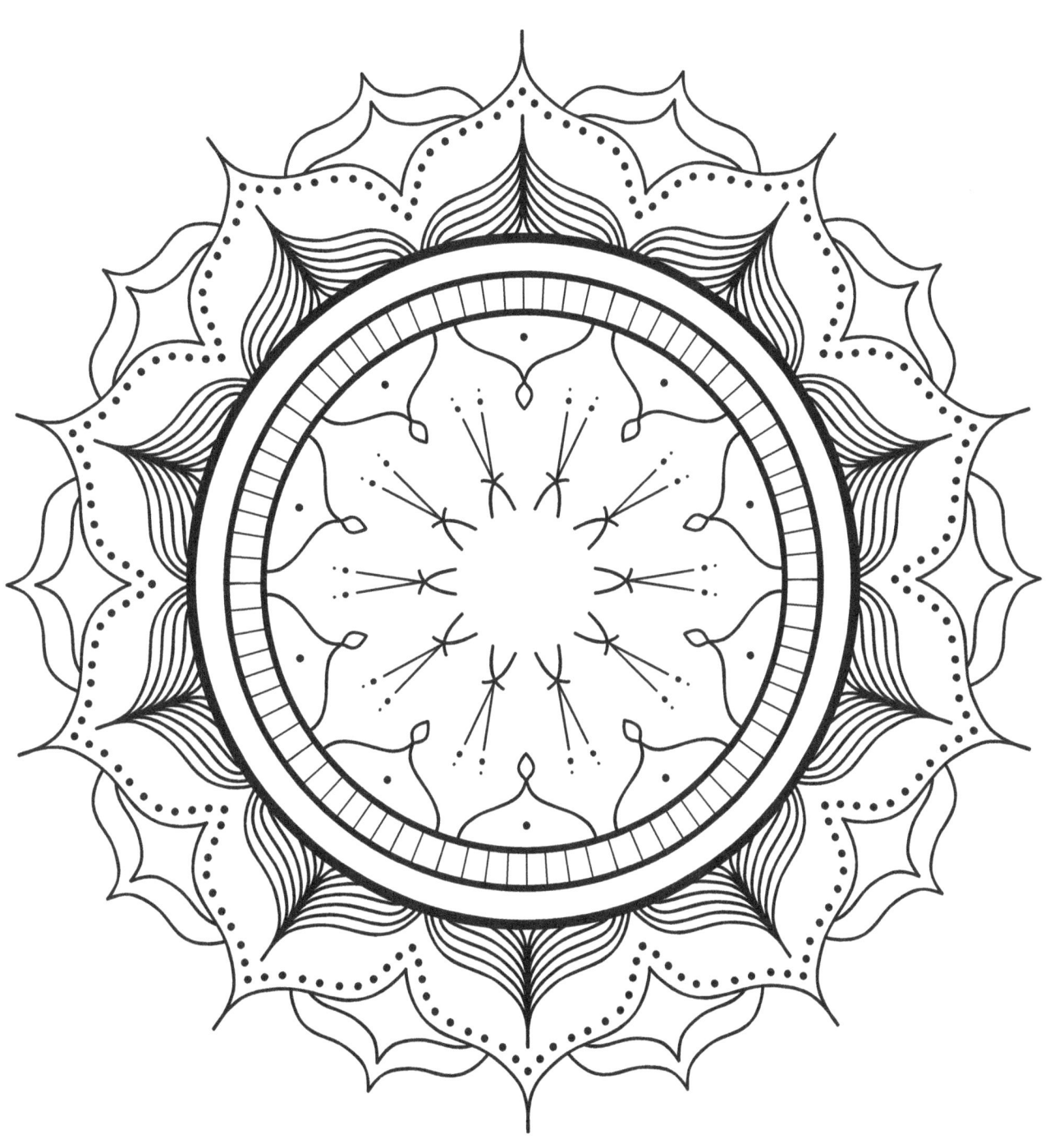

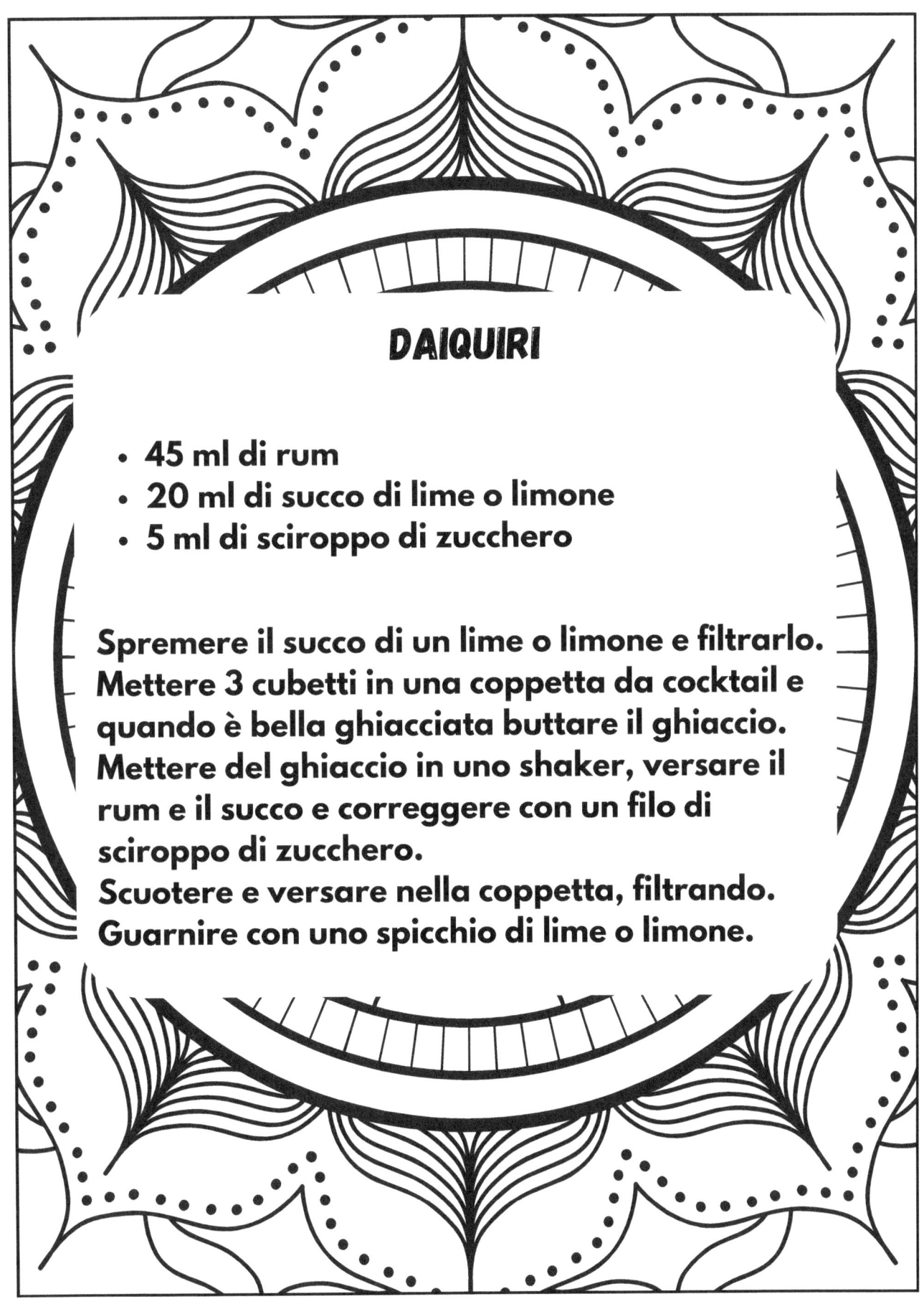

DAIQUIRI

- 45 ml di rum
- 20 ml di succo di lime o limone
- 5 ml di sciroppo di zucchero

Spremere il succo di un lime o limone e filtrarlo.
Mettere 3 cubetti in una coppetta da cocktail e
quando è bella ghiacciata buttare il ghiaccio.
Mettere del ghiaccio in uno shaker, versare il
rum e il succo e correggere con un filo di
sciroppo di zucchero.
Scuotere e versare nella coppetta, filtrando.
Guarnire con uno spicchio di lime o limone.

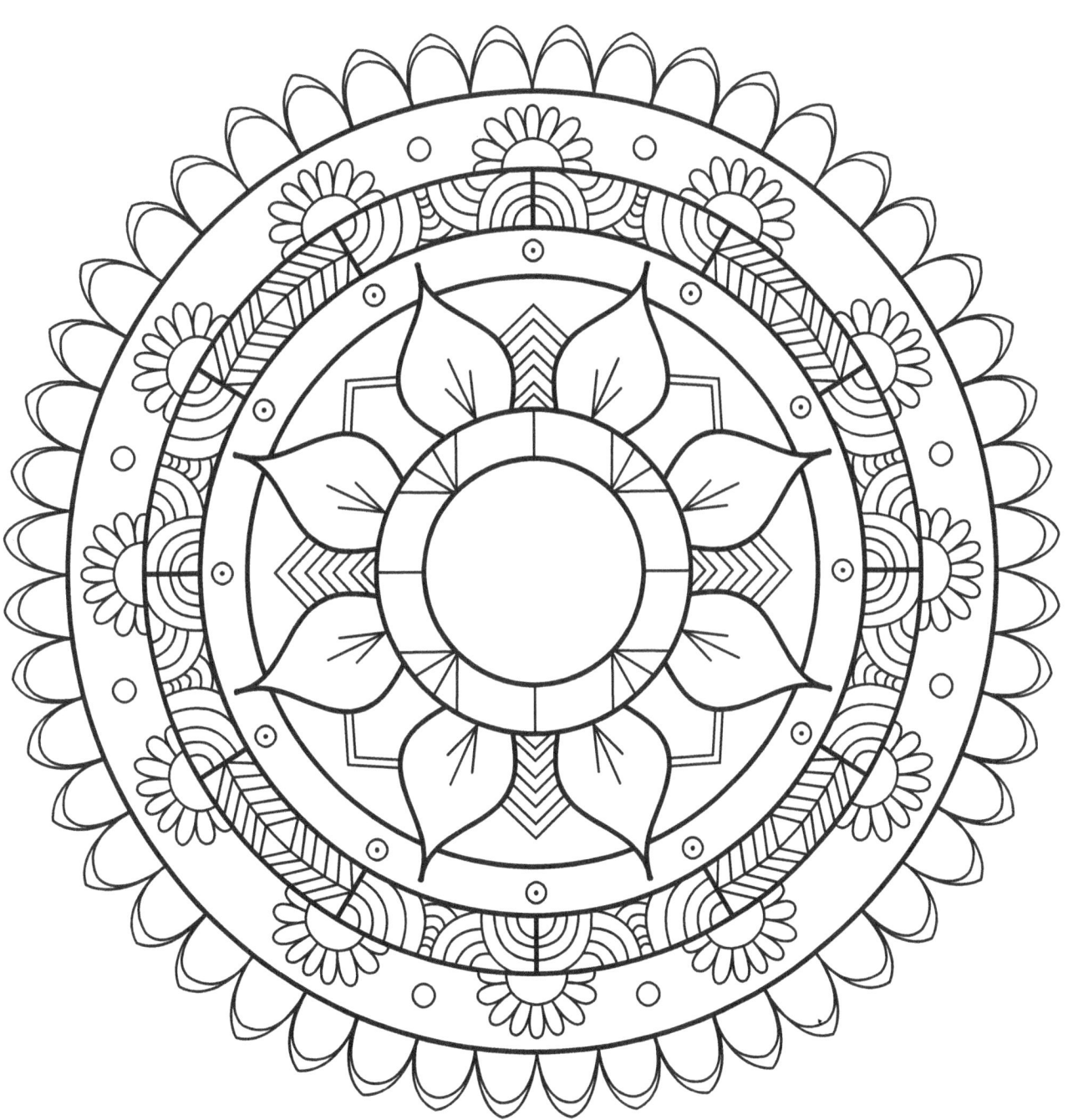

SINGAPORE SLING

- 30 ml di gin
- 15 ml di apricot brandy
- 7,5 ml di DOM benedictine
- 7,5 ml di triple sec
- 120 ml di succo di ananas
- 15 ml di succo di limone
- 10 ml di granatina
- 1 goccia di angostura

Spremere ananas e limone e filtrare i succhi.
Mettere del ghiaccio nello shaker e aggiungere i succhi.
Versare il gin, il triple sec, l'apricot brandy, il DOM Benedictine e l'angostura.
Aggiungere un tocco di colore con un filo di granatina.
Agitare per 12 secondi.
Versare in un bicchiere capiente come un highball o un old fashioned e decorare a piacere: ananas e ciliegina, menta e lime o un fiore.

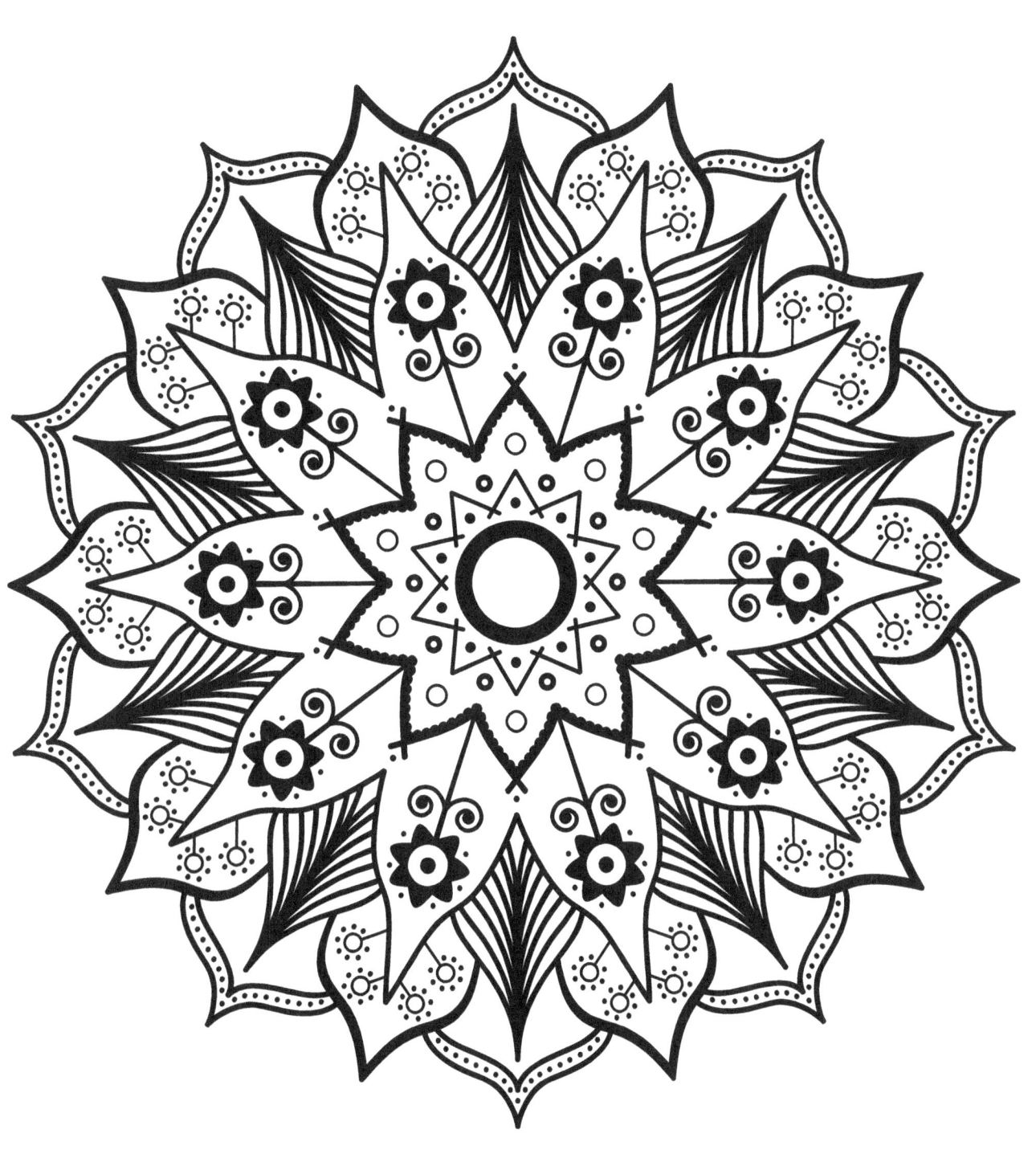

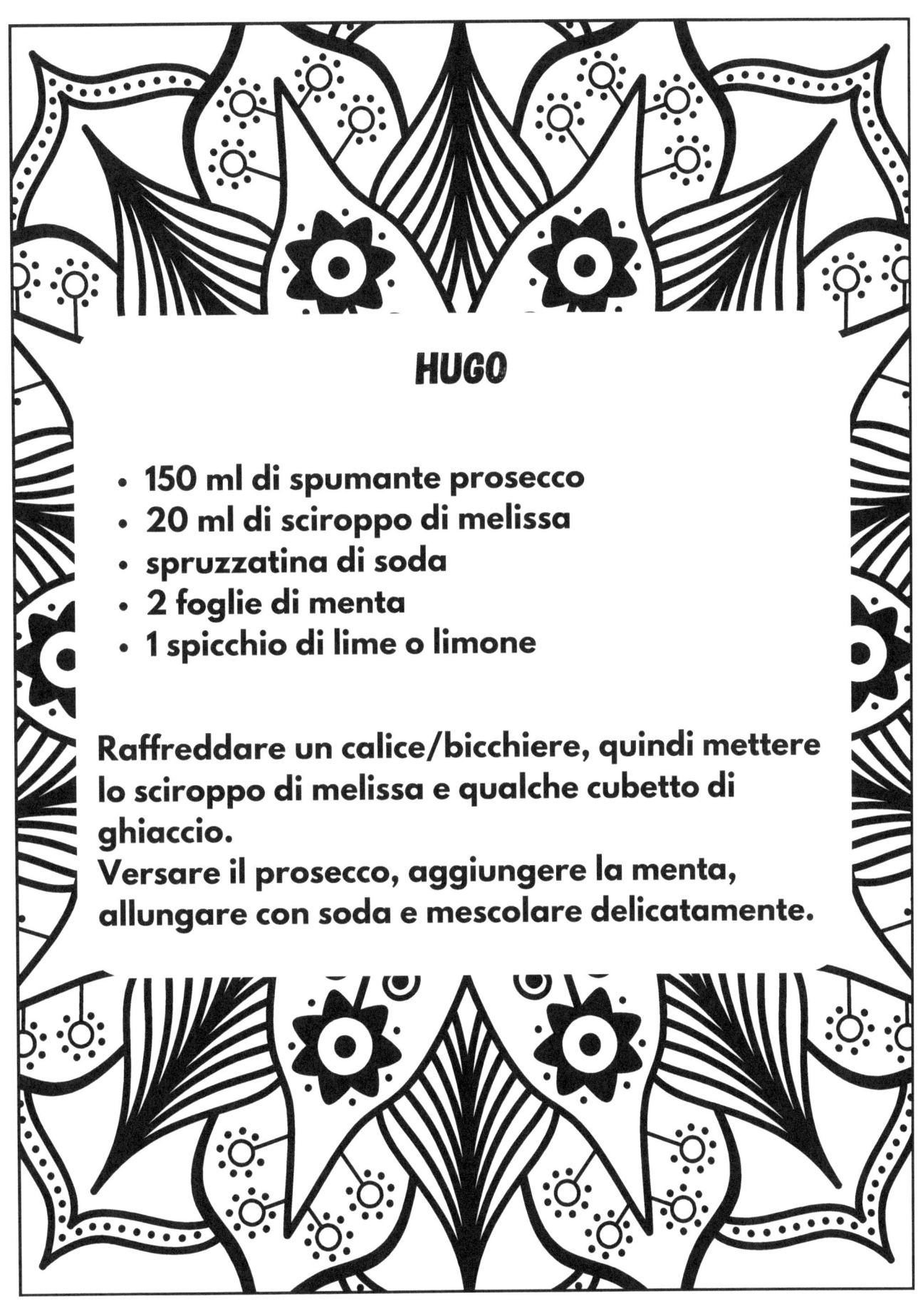

HUGO

- 150 ml di spumante prosecco
- 20 ml di sciroppo di melissa
- spruzzatina di soda
- 2 foglie di menta
- 1 spicchio di lime o limone

Raffreddare un calice/bicchiere, quindi mettere lo sciroppo di melissa e qualche cubetto di ghiaccio.
Versare il prosecco, aggiungere la menta, allungare con soda e mescolare delicatamente.

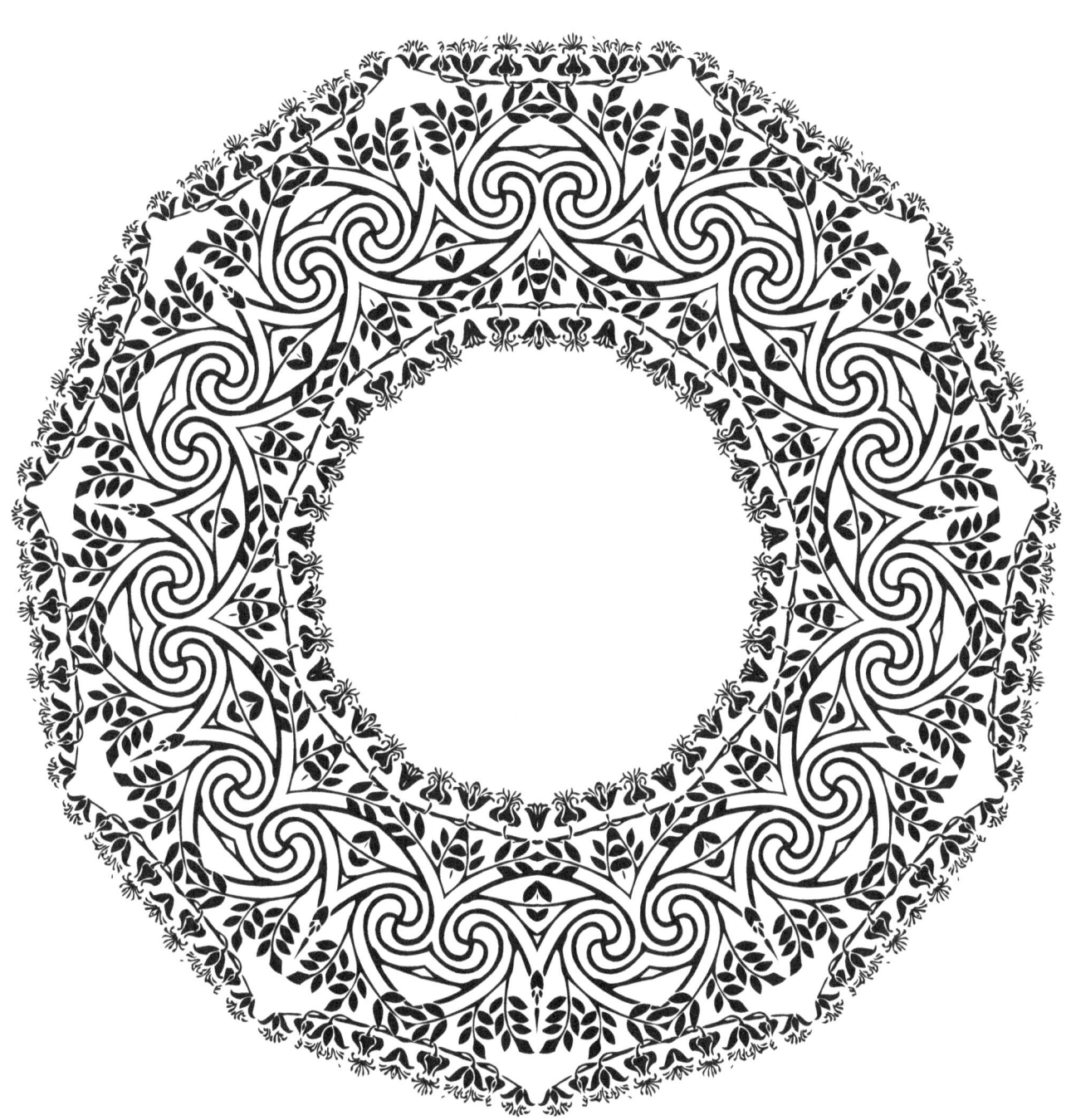

WHITE RUSSIAN

- 50 ml di vodka
- 20 ml di liquore al caffè
- ghiaccio
- panna liquida

Versare in un bicchiere basso la vodka ed il liquore al caffè.
Aggiungere i cubetti di ghiaccio fino a riempimento del bicchiere.
Mescolare delicatamente.
Semimontare la panna in uno shaker e versare come top del cocktail.

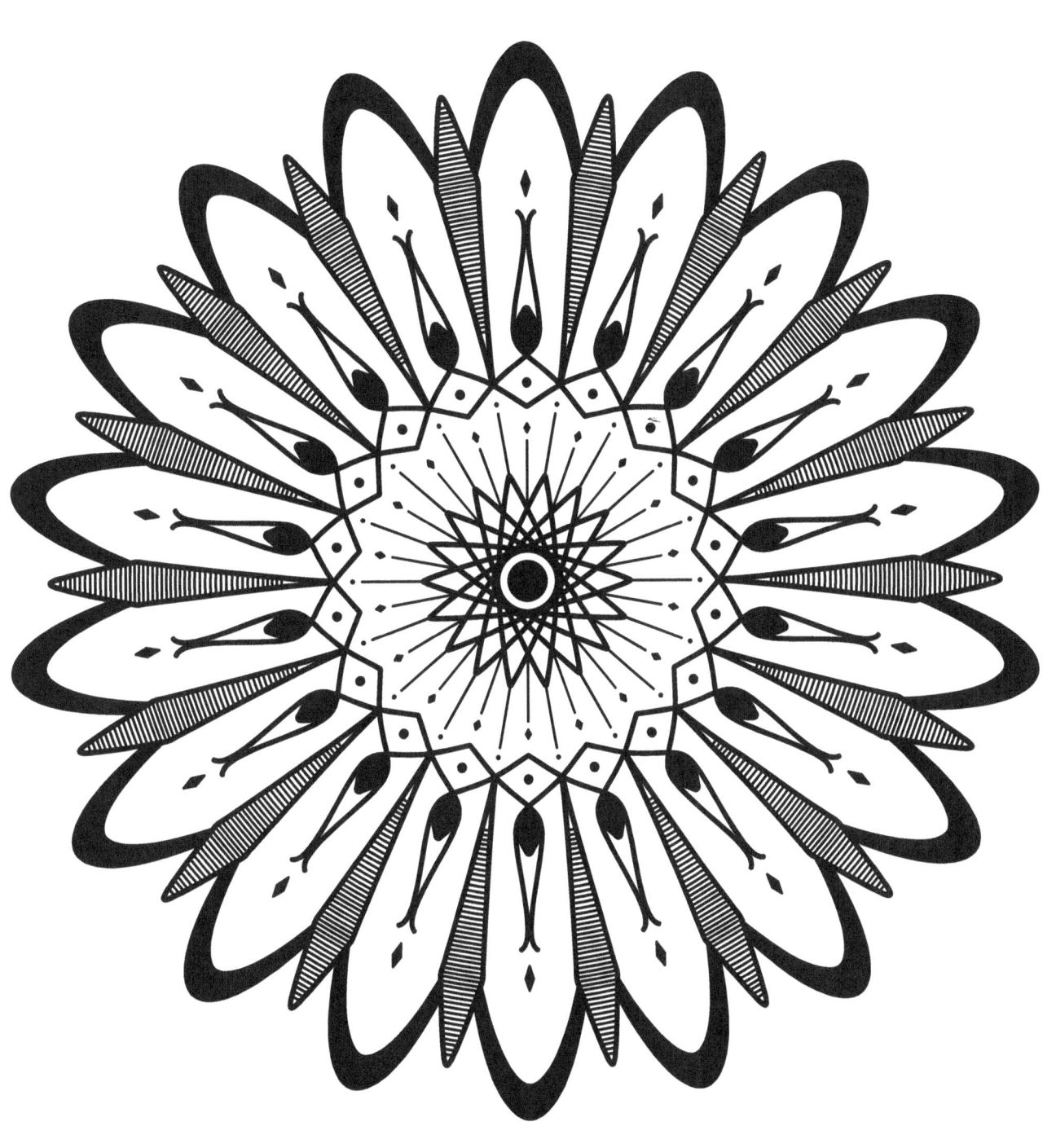

OLD FASHIONED

- 45 ml di burbon o rye whisky
- 2/3 gocce di angostura
- 2 cucchiaini di zucchero
- acqua naturale o soda
- ghiaccio
- scorza di arancia
- ciliegina al maraschino

Mettere in un mixing glass i due cucchiaini di zucchero e versare sopra le gocce di angostura. Aggiungere poi un goccio di acqua naturale o una spruzzata di soda. Mescolare finchè lo zucchero sia disciolto completamente nell'acqua. Aggiungere dei cubetti di ghiaccio fino a metà bicchiere e mescolare. Versare il whisky e poi aggiungere altro ghiaccio fino a riempimento. Miscelare il tutto e versare filtrando in un bicchiere già ghiacciato con alcuni cubetti di ghiaccio. Spremere una fetta di buccia d'arancia in modo da far uscire gli oli nel bicchiere. Completare il cocktail decorandolo con una scorzetta d'arancia e una ciliegina al maraschino.

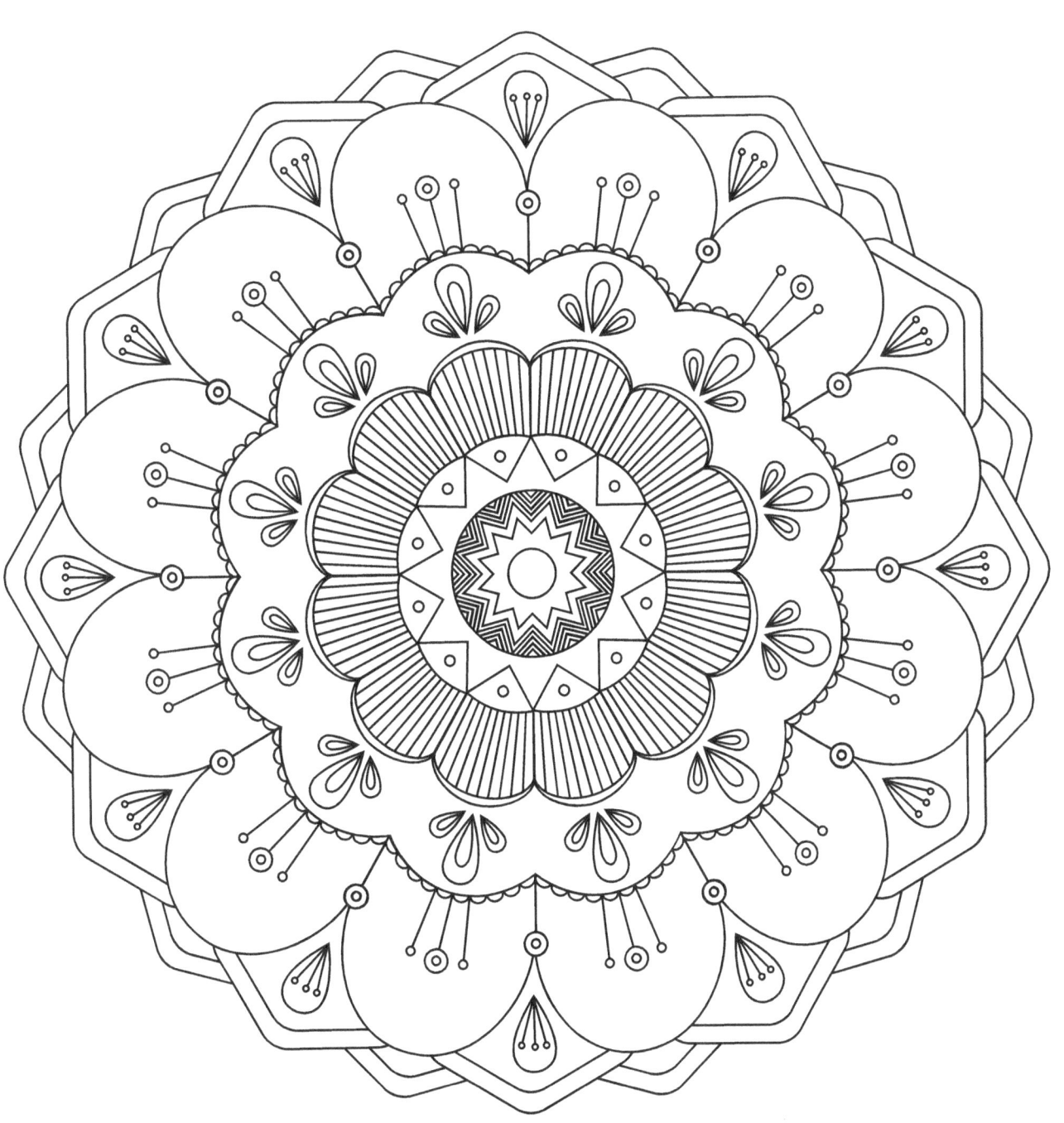

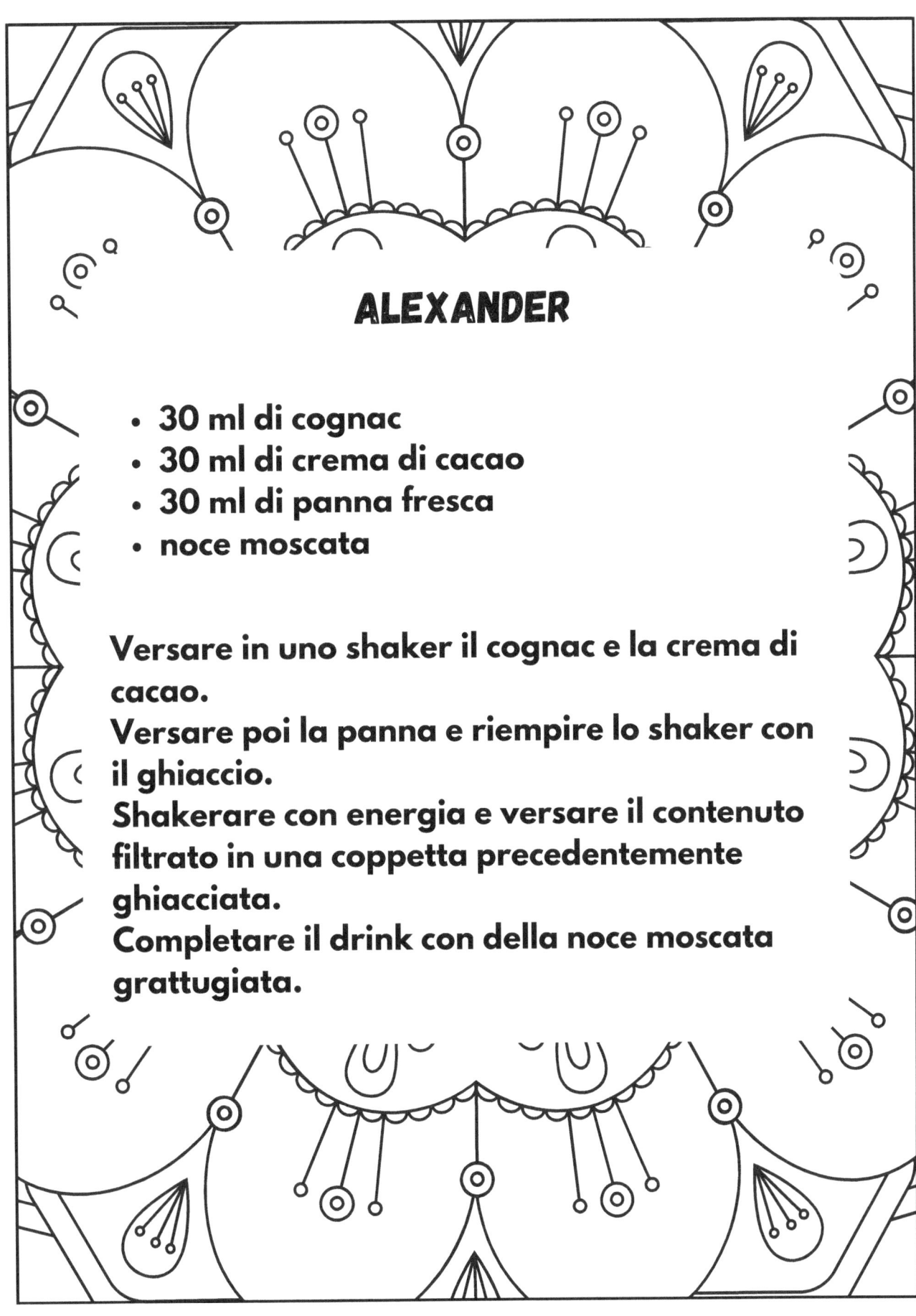

ALEXANDER

- 30 ml di cognac
- 30 ml di crema di cacao
- 30 ml di panna fresca
- noce moscata

Versare in uno shaker il cognac e la crema di cacao.

Versare poi la panna e riempire lo shaker con il ghiaccio.

Shakerare con energia e versare il contenuto filtrato in una coppetta precedentemente ghiacciata.

Completare il drink con della noce moscata grattugiata.

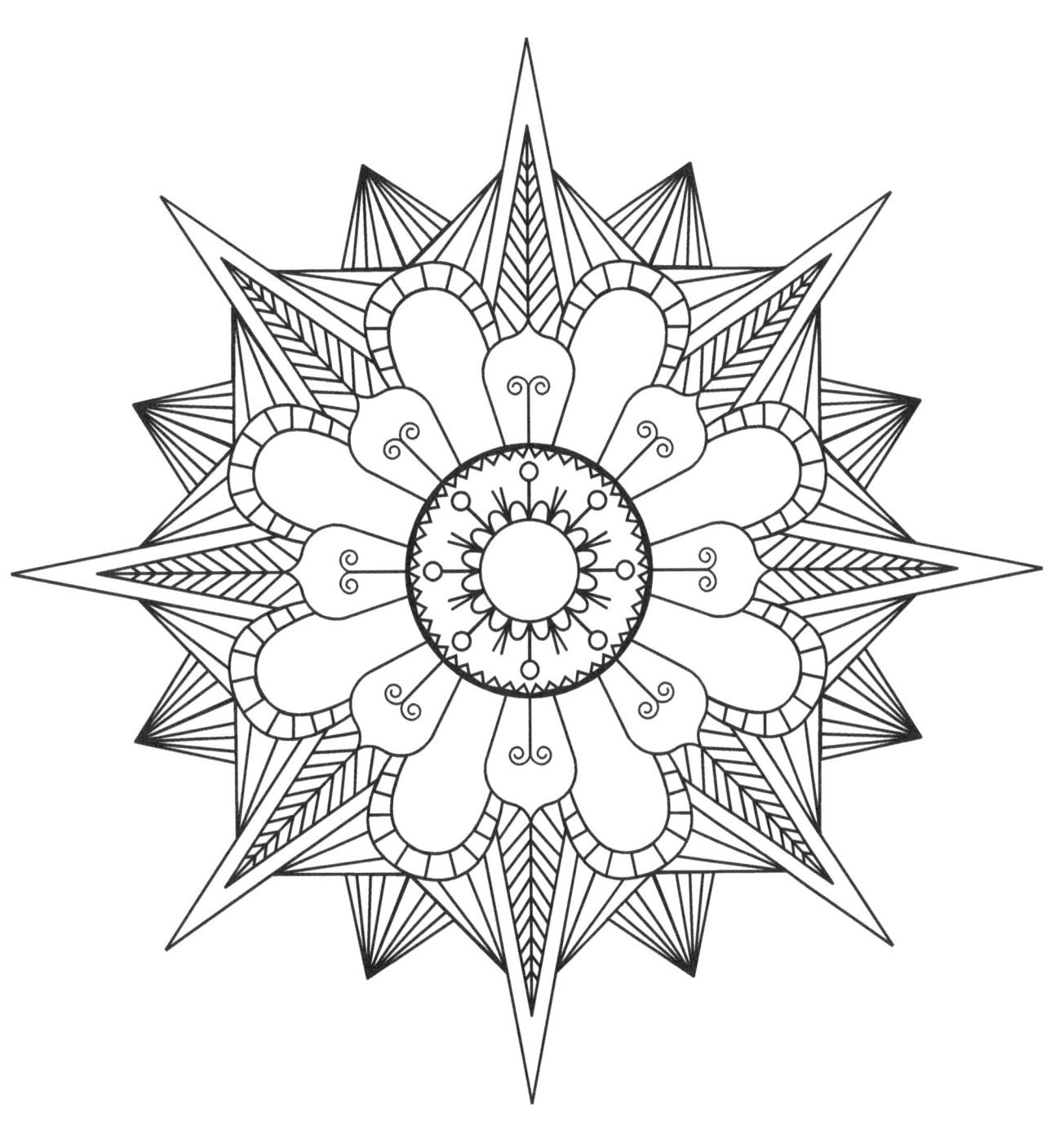

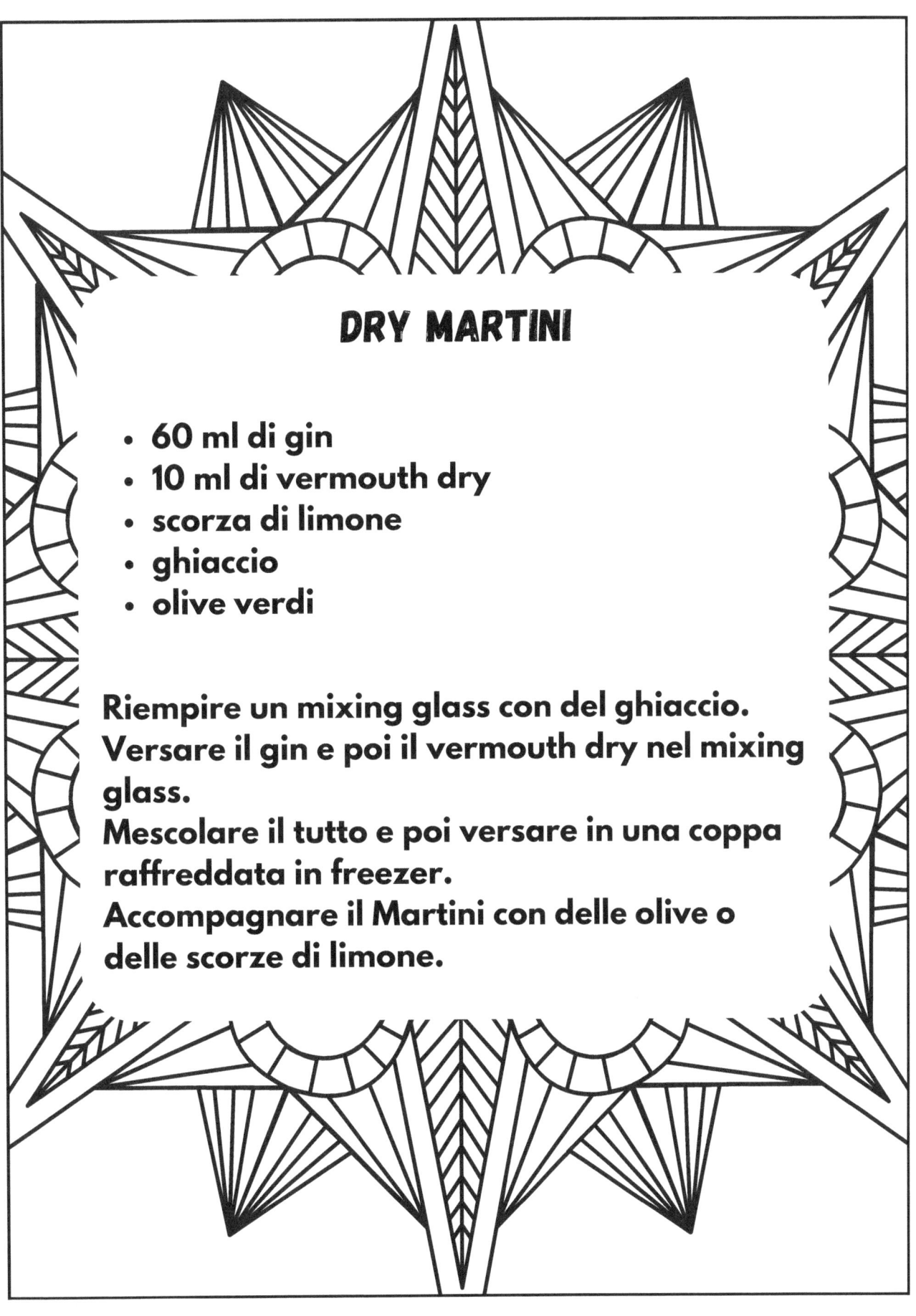

DRY MARTINI

- 60 ml di gin
- 10 ml di vermouth dry
- scorza di limone
- ghiaccio
- olive verdi

Riempire un mixing glass con del ghiaccio.
Versare il gin e poi il vermouth dry nel mixing glass.
Mescolare il tutto e poi versare in una coppa raffreddata in freezer.
Accompagnare il Martini con delle olive o delle scorze di limone.

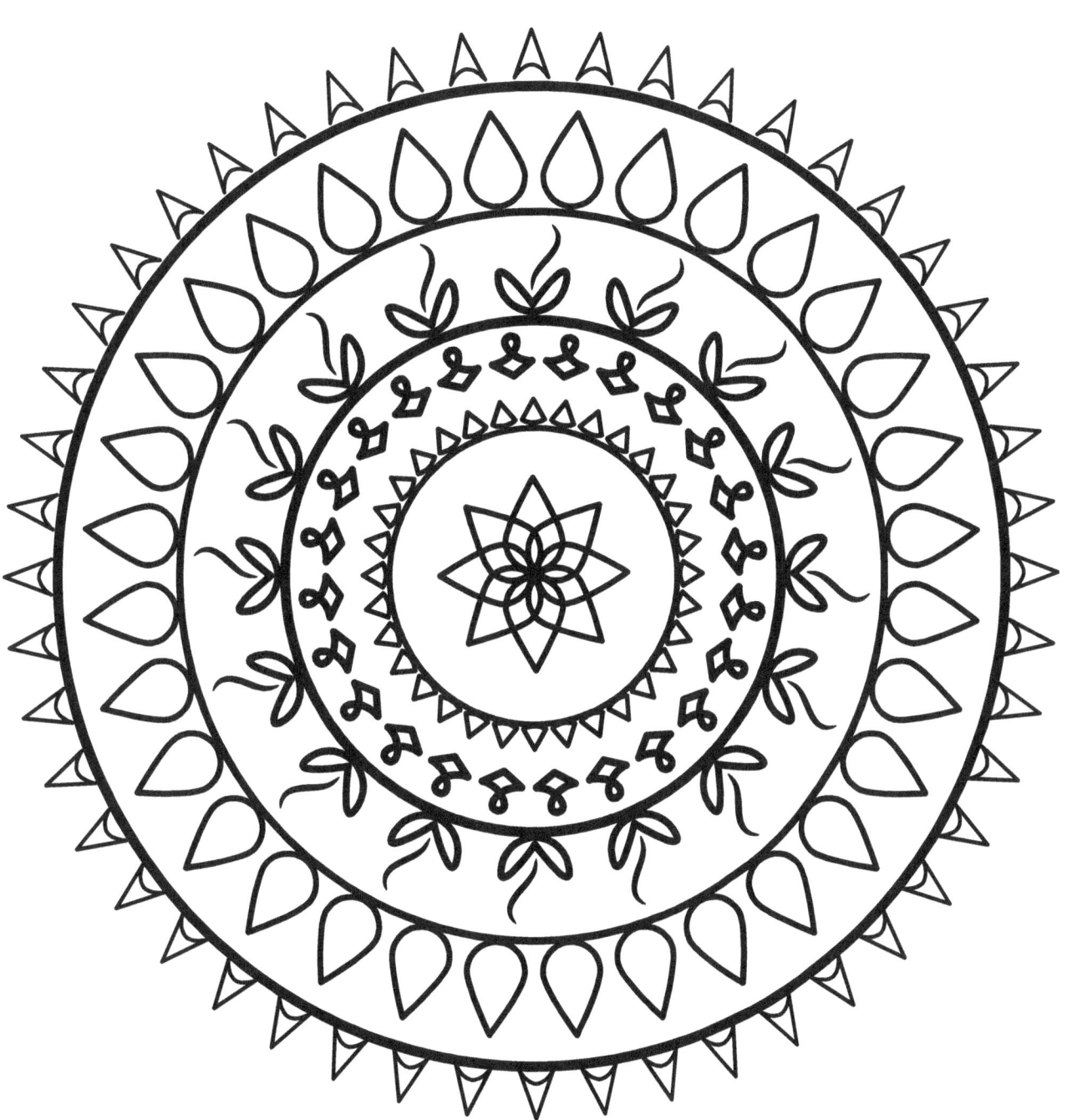

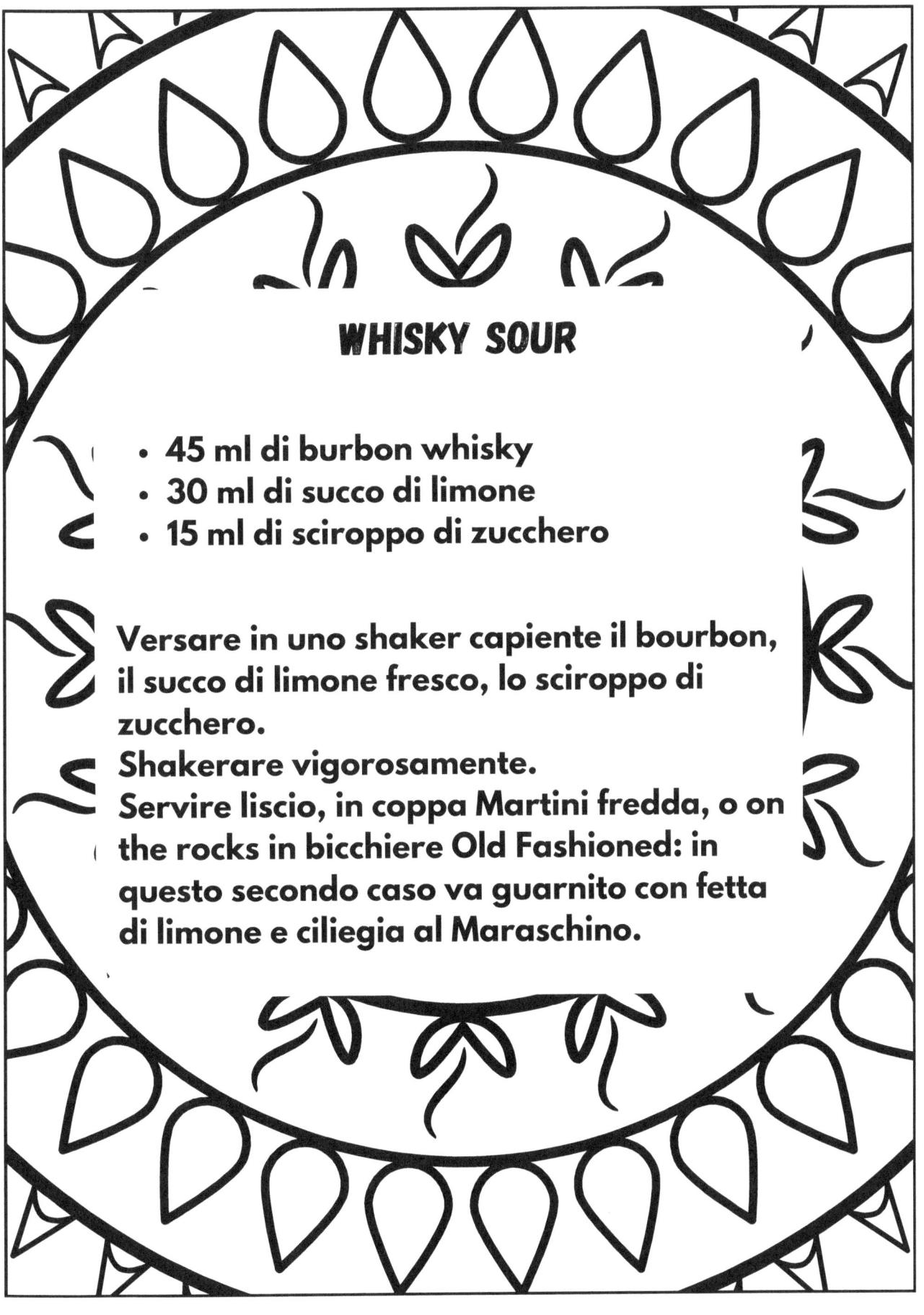

WHISKY SOUR

- 45 ml di burbon whisky
- 30 ml di succo di limone
- 15 ml di sciroppo di zucchero

Versare in uno shaker capiente il bourbon, il succo di limone fresco, lo sciroppo di zucchero.
Shakerare vigorosamente.
Servire liscio, in coppa Martini fredda, o on the rocks in bicchiere Old Fashioned: in questo secondo caso va guarnito con fetta di limone e ciliegia al Maraschino.

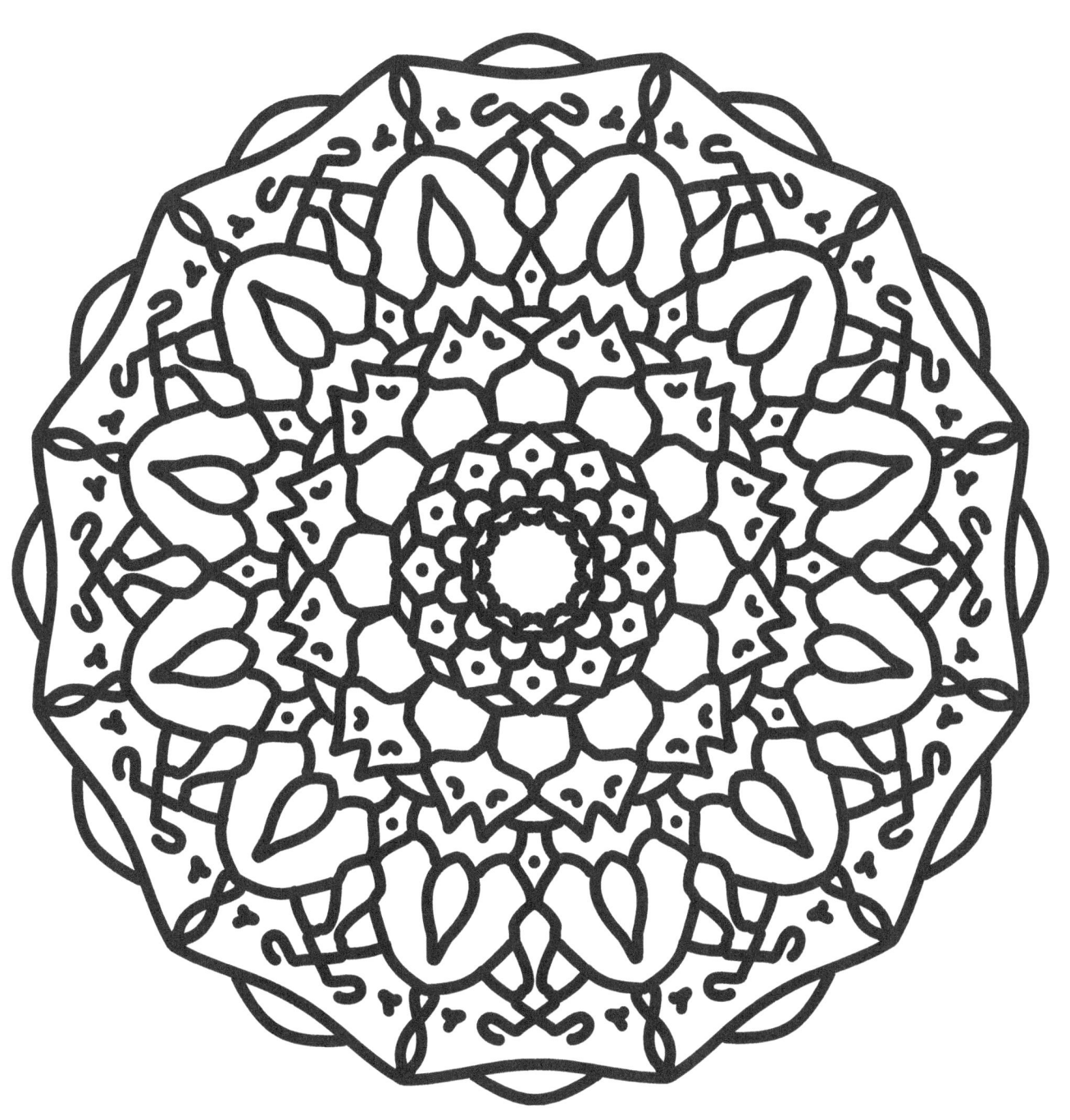

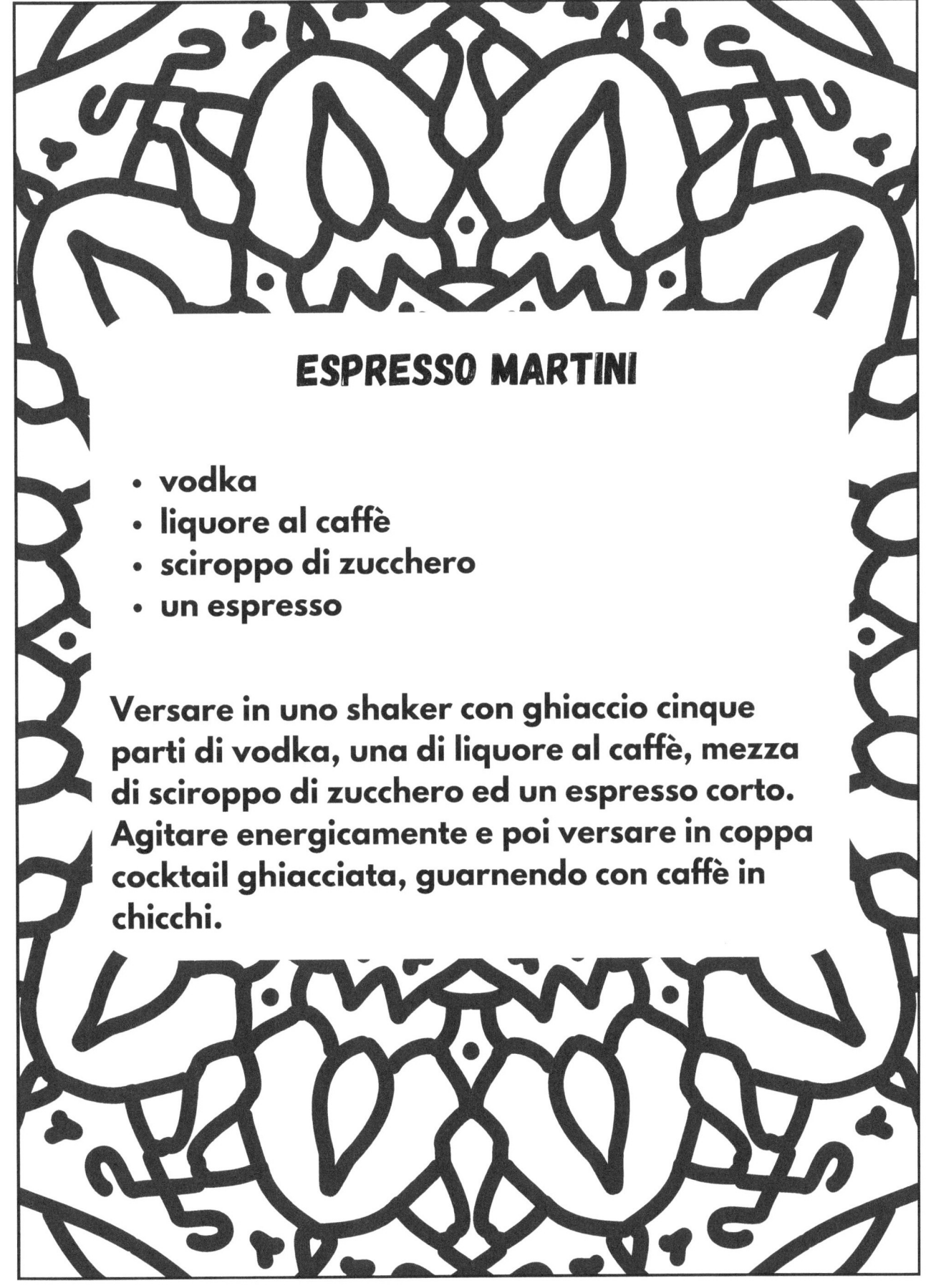

ESPRESSO MARTINI

- vodka
- liquore al caffè
- sciroppo di zucchero
- un espresso

Versare in uno shaker con ghiaccio cinque parti di vodka, una di liquore al caffè, mezza di sciroppo di zucchero ed un espresso corto. Agitare energicamente e poi versare in coppa cocktail ghiacciata, guarnendo con caffè in chicchi.

MANDALA

DRINK

STEMIAN ART